Theoretische Informatik – kurz gefasst

Uwe Schöning

Theoretische Informatik
– kurz gefasst

5. Auflage

Autor
Prof. Dr. Uwe Schöning
Institut für Theoretische Informatik
Universität Ulm
E-Mail: uwe.schoening@uni-ulm.de

Wichtiger Hinweis für den Benutzer
Der Verlag und der Autor haben alle Sorgfalt walten lassen, um vollständige und akkurate Informationen in diesem Buch zu publizieren. Der Verlag übernimmt weder Garantie noch die juristische Verantwortung oder irgendeine Haftung für die Nutzung dieser Informationen, für deren Wirtschaftlichkeit oder fehlerfreie Funktion für einen bestimmten Zweck. Ferner kann der Verlag für Schäden, die auf einer Fehlfunktion von Programmen oder ähnliches zurückzuführen sind, nicht haftbar gemacht werden. Auch nicht für die Verletzung von Patent- und anderen Rechten Dritter, die daraus resultieren. Eine telefonische oder schriftliche Beratung durch den Verlag über den Einsatz der Programme ist nicht möglich. Der Verlag übernimmt keine Gewähr dafür, dass die beschriebenen Verfahren, Programme usw. frei von Schutzrechten Dritter sind. Die Wiedergabe von Gebrauchsnamen, Handelsnamen, Warenbezeichnungen usw. in diesem Buch berechtigt auch ohne besondere Kennzeichnung nicht zu der Annahme, dass solche Namen im Sinne der Warenzeichen- und Markenschutz-Gesetzgebung als frei zu betrachten wären und daher von jedermann benutzt werden dürften. Der Verlag hat sich bemüht, sämtliche Rechteinhaber von Abbildungen zu ermitteln. Sollte dem Verlag gegenüber dennoch der Nachweis der Rechtsinhaberschaft geführt werden, wird das branchenübliche Honorar gezahlt.

Bibliografische Information Der Deutschen Nationalbibliothek
Die Deutsche Nationalbibliothek verzeichnet diese Publikation in der Deutschen Nationalbibliografie; detaillierte bibliografische Daten sind im Internet über http://dnb.d-nb.de abrufbar.

Springer ist ein Unternehmen der Springer Science+Business Media
Springer.de

Nachdruck der 5. Auflage 2009
© Spektrum Akademischer Verlag Heidelberg 2008
Spektrum Akademischer Verlag ist ein Imprint von Springer

09 10 11 12   5 4 3 2

Planung und Lektorat: Dr. Andreas Rüdinger, Barbara Lühker
Herstellung: Andrea Brinkmann
Umschlaggestaltung: SpieszDesign, Neu-Ulm
Satz: Autorensatz
Druck und Bindung: Krips b.v., Meppel

ISBN 978-3-8274-1824-1

Vorwort

Das vorliegende Buch ist aus einem Skript zur Vorlesung *Informatik IV* an der Universität Ulm hervorgegangen. Diese Vorlesung richtet sich an Informatik-Studierende im Grundstudium und soll die wesentlichen Grundlagen der Theoretischen Informatik vermitteln.

Bei der Umgestaltung des Vorlesungsskripts zum Buch wurde natürlich einiges verändert, jedoch habe ich darauf geachtet, dass die ursprüngliche Kompaktheit der Darstellung nicht verloren ging. Das Buch behandelt drei unterschiedliche Teilbereiche der Theoretischen Informatik (Automatentheorie und Formale Sprachen, Berechenbarkeitstheorie, Komplexitätstheorie), wobei es mir insbesondere darum ging, die Querbezüge zwischen diesen Gebieten aufzuzeigen.

Ich hoffe, dass Nina, Saskia und Verena unter diesem Buchprojekt nicht allzu sehr gelitten haben.

Ulm, Januar 1992 U. Schöning

Vorwort zur zweiten Auflage

Aufgrund verschiedener Leserzuschriften – für die ich mich herzlich bedanke – habe ich einige Textpassagen überarbeitet und Tippfehler beseitigt.

Ulm, Herbst 1994 U. S.

Vorwort zur dritten Auflage

Das Buch wird von vielen Kollegen als Grundlage für ihre Vorlesungen verwendet. Aus diesen Erfahrungen heraus sind ein Reihe von Vorschlägen, auch von Studierenden, bei mir eingegangen, wie das Material noch sinnvoll ergänzt oder anders gestaltet werden könnte. In der dritten Auflage habe ich mehrere derartige Erweiterungen eingearbeitet, wie zum Beispiel den Komplementabschluss der kontextsensitiven Sprachen, die Greibach- und Kuroda-Normalform, weitere Unentscheidbarkeitsergebnisse für kontextfreie Sprachen, einen Beweis für die Äquivalenz von LOOP-Berechenbarkeit und primitiver Rekursivität, einen Hinweis auf das 10. Hilbertsche Problem, weitere NP-Vollständigkeitsresultate, sowie eine etwas anders gestaltete Darstellung der Ackermann-Funktion. Ferner wurde das Literaturverzeichnis aktualisiert.

Ich bedanke mich herzlich bei allen, die mir Anregungen gegeben haben.

Ulm, Sommer 1997 U. S.

Vorwort zur vierten Auflage

In der vierten Auflage wurde der Text auf die neue Rechtschreibung umgestellt sowie einige kleinere Textkorrekturen und -ergänzungen durchgeführt.

Ulm, Sommer 2000 U. S.

Vorwort zur fünften Auflage

In der fünften Auflage wurden einige kleinere Fehler und Ungenauigkeiten ausgemerzt (von denen es leider immer noch welche gab).

Ulm, Frühjahr 2008 U. S.

Inhaltsverzeichnis

Einleitung

Dieses Buch führt in die wichtigsten Gebiete der Theoretischen Informatik ein, so dass jeder Informatik-Student – auch wenn er sich später in Richtung Praktische Informatik spezialisiert – das unbedingt notwendige Grundwissen aus diesem Bereich erwirbt. Die Theoretische Informatik kann nicht unabhängig von den Erfordernissen der praktischen Seite gesehen werden – genauso wie sich die Praktische Informatik in vielen Bereichen auf theoretische Erkenntnisse stützt. Manche Gebiete wie Compilerbau, logisches Programmieren, automatisches Beweisen, parallele Algorithmen wurden durch theoretische Forschungen erst ermöglicht bzw. zur vollen Blüte gebracht.

Den größten Anteil des Buches nimmt die Thematik *Automatentheorie und Formale Sprachen* ein. Grundwissen aus diesem Bereich ist unabdingbar sowohl für praktische, als auch für weitere theoretische Beschäftigung. Formale Sprachen (z.B. Programmiersprachen) können durch „Grammatiken" oder entsprechende „Automaten" beschrieben werden. Während Grammatiken Wörter der Sprache „erzeugen", können Automaten umgekehrt bei vorgelegtem Wort feststellen, ob dieses zur Sprache gehört oder nicht. Die (durch Grammatiken oder Automaten darstellbaren) Sprachen können nach verschiedenen Kriterien unterteilt werden. Die wichtigste Rolle spielen hierbei sicherlich die so genannten kontextfreien Sprachen.

Die *Berechenbarkeitstheorie* beschäftigt sich mit den grundsätzlichen Möglichkeiten und Grenzen der Algorithmisierbarkeit und stand – historisch gesehen – ganz am Anfang der Informatik, noch vor der Computer-Ära. Sie hat sich zur Aufgabe gemacht, einen formal zufriedenstellenden Berechenbarkeits- (bzw. Algorithmen-) Begriff festzulegen. Diese Aufgabe ist weitestgehend gelöst. Eine der Haupteinsichten dieser Theorie ist es, dass es nicht-berechenbare Funktionen (bzw. algorithmisch unlösbare Probleme) gibt. Ferner stellt die Berechenbarkeitstheorie Methoden bereit, um weitere algorithmische Problemstellungen als (un-)lösbar nachzuweisen.

Die *Komplexitätstheorie* hat sich seit den 60er Jahren stürmisch entwickelt; sie beschäftigt sich mit der Frage, mit welchem Aufwand an *Berechnungsressourcen* bestimmte algorithmische Aufgaben (bzw. Aufgabenklassen) gelöst (oder nicht gelöst) werden können. Mit „Berechnungsressource" ist normalerweise Rechenzeit bzw. Speicherplatz gemeint. An zentraler Stelle in dieser Theorie steht das bisher ungelöste P-NP-Problem und der NP-Vollständigkeitsbegriff.

Diese drei Bereiche der Theoretischen Informatik werden in ihrem Zusammenhang dargestellt; es gibt vielfache Querbezüge. So kommen bestimmte Automaten in der Berechenbarkeitstheorie vor (Turingmaschinen), und umgekehrt können verschiedene Fragestellungen aus dem Bereich der Grammatiken und Automaten im Hinblick auf ihre grundsätzliche Berechenbarkeit oder Komplexität studiert werden.

Im *Anhang* werden die für das Verständnis des Textes notwendigen mathematischen Grundlagen aufgeführt.

Viel Spaß.

Kapitel 1

Automatentheorie und Formale Sprachen

1.1 Allgemeines

Sei Σ ein Alphabet. Eine (formale) *Sprache* (über Σ) ist jede beliebige Teilmenge von Σ^*. (Im Anhang sind die mathematischen Notationen zusammengefasst).

Sei z.B. $\Sigma = \{(,), +, -, *, /, a\}$, so könnten wir die Sprache der korrekt geklammerten arithmetischen Ausdrücke $EXPR \subseteq \Sigma^*$ definieren, wobei a als Platzhalter für beliebige Konstanten oder Variablen dienen soll:

$$(a - a) * a + a/(a + a) - a \ \in \ EXPR$$
$$(((a))) \ \in \ EXPR$$
$$((a+) - a(\ \notin \ EXPR$$

Um mit solchen Sprachen, die im Allgemeinen *unendliche* Objekte sind, algorithmisch umgehen zu können, benötigen wir jedoch *endliche* Beschreibungsmöglichkeiten für Sprachen. Dazu dienen sowohl die *Grammatiken* als auch die *Automaten*.

Beispiel für eine Grammatik[1]:

---

[1]Linguisten mögen mir verzeihen

\<Satz\>	→	\<Subjekt\> \<Prädikat\> \<Objekt\>
\<Subjekt\>	→	\<Artikel\> \<Attribut\> \<Substantiv\>
\<Artikel\>	→	ε
\<Artikel\>	→	der
\<Artikel\>	→	die
\<Artikel\>	→	das
\<Attribut\>	→	ε
\<Attribut\>	→	\<Adjektiv\>
\<Attribut\>	→	\<Adjektiv\> \<Attribut\>
\<Adjektiv\>	→	kleine
\<Adjektiv\>	→	bissige
\<Adjektiv\>	→	große
\<Substantiv\>	→	Hund
\<Substantiv\>	→	Katze
\<Prädikat\>	→	jagt
\<Objekt\>	→	\<Artikel\> \<Attribut\> \<Substantiv\>

Hierbei sind die so genannten *Variablen*, die Platzhalter für syntaktische Einheiten sind, durch spitze Klammern kenntlich gemacht.

Durch die obigen Grammatik-Regeln kann z.B. der Satz

der kleine bissige Hund jagt die große Katze

abgeleitet werden. Besonders anschaulich kann dies durch einen *Syntaxbaum* dargestellt werden. Hierbei ist der Vaterknoten jeweils mit der linken Seite einer Regel beschriftet und seine Söhne sind die Objekte, die auf der rechten Seite der Regel stehen.

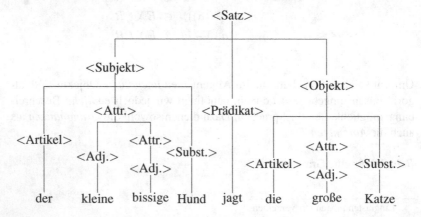

Man beachte, dass durch diese endliche Grammatik bereits eine unendliche Sprache darstellbar ist, denn es sind z.B. alle Sätze der Form

> der Hund jagt die kleine kleine kleine ... Katze

erzeugbar.

1.1.1 Grammatiken

Wie sieht nun im Hinblick auf eine allgemeine Definition eine Grammatik aus? Zunächst muss angegeben werden, welches Variablen und welches „eigentliche" Symbole sind (so genannte *Terminalsymbole*). Sodann müssen die Regeln angegeben werden, die allgemein die Form

linke Seite → *rechte Seite*

haben. Das obige Beispiel ist insofern ein Spezialfall, da die linken Seiten immer nur aus einer einzelnen Variablen bestehen. (Es handelt sich um eine so genannte *kontextfreie* Grammatik). Allgemeiner könnte man zulassen, dass die linken Seiten aus Wörtern bestehen, die sowohl (evtl. mehrere) Variablen, als auch Terminalsymbole enthalten. Die *Anwendung* einer Regel bedeutet dann, dass in dem insoweit erzeugten Wort ein Teilwort, das einer linken Regelseite entspricht, durch die rechte Seite ersetzt wird. Solche Ableitungsschritte werden solange durchgeführt, bis das entstandene Wort nur noch aus Terminalsymbolen besteht. Jedes solcherart erzeugbare Wort gehört dann zu der von der Grammatik erzeugten (oder definierten) Sprache. Eine solche Ableitung, die mit einem Terminalwort endet, beginnt mit einer ausgezeichneten Variablen, der *Startvariablen* (im obigen Beispiel ist es <Satz>).

Definition. Eine *Grammatik* ist ein 4-Tupel $G = (V, \Sigma, P, S)$, das folgende Bedingungen erfüllt. V ist eine endliche Menge, die Menge der *Variablen*. Σ ist eine endliche Menge, das *Terminalalphabet*. Es muss gelten: $V \cap \Sigma = \emptyset$. P ist die endliche Menge der *Regeln* oder *Produktionen*. Formal ist P eine endliche Teilmenge von $(V \cup \Sigma)^+ \times (V \cup \Sigma)^*$. $S \in V$ ist die *Startvariable*.

Seien $u, v \in (V \cup \Sigma)^*$. Wir definieren die Relation $u \Rightarrow_G v$ (in Worten: u geht unter G unmittelbar über in v), falls u und v die Form haben

$$u = xyz$$
$$v = xy'z \quad \text{mit } x, z \in (V \cup \Sigma)^*$$

und $y \rightarrow y'$ eine Regel in P ist. Falls klar ist, welche Grammatik G gemeint ist, so schreiben wir einfach $u \Rightarrow v$ anstatt $u \Rightarrow_G v$.

Die von G dargestellte (erzeugte, definierte) *Sprache* ist

$$L(G) = \{w \in \Sigma^* \mid S \Rightarrow_G^* w\}$$

Hierbei ist $\Rightarrow_G^*$ die reflexive und transitive Hülle von $\Rightarrow_G$ (vgl. den mathematischen Anhang).

Eine Folge von Wörtern $(w_0, w_1, \ldots, w_n)$ mit $w_0 = S$, $w_n \in \Sigma^*$ und $w_0 \Rightarrow w_1 \Rightarrow \ldots \Rightarrow w_n$ heißt *Ableitung* von w_n. Ein Wort $w \in (V \cup \Sigma)^*$, das also noch Variablen enthält – wie es typischerweise im Verlauf einer Ableitung auftritt – heißt auch *Satzform*.

Beispiel: $G = (\{E, T, F\}, \{(,), a, +, *\}, P, E)$ wobei

$$P = \{ E \rightarrow T,$$
$$E \rightarrow E + T,$$
$$T \rightarrow F,$$
$$T \rightarrow T * F,$$
$$F \rightarrow a,$$
$$F \rightarrow (E) \}$$

Mit dieser Grammatik lassen sich die korrekt geklammerten arithmetischen Ausdrücke darstellen. Es gilt z.B.

$$a * a * (a + a) + a \in L(G)$$

denn:

$$E \Rightarrow E + T \Rightarrow T + T \Rightarrow T * F + T \Rightarrow T * F * F + T \Rightarrow$$
$$F * F * F + T \Rightarrow a * F * F + T \Rightarrow a * a * F + T \Rightarrow$$
$$a * a * (E) + T \Rightarrow a * a * (E + T) + T \Rightarrow a * a * (T + T) + T \Rightarrow$$
$$a * a * (F + T) + T \Rightarrow a * a * (a + T) + T \Rightarrow a * a * (a + F) + T \Rightarrow$$
$$a * a * (a + a) + T \Rightarrow a * a * (a + a) + F \Rightarrow a * a * (a + a) + a$$

Hierbei wurde in jedem Ableitungsschritt immer die am weitesten links stehende Variable ersetzt (*Linksableitung*). Ein entsprechender Syntaxbaum sieht folgendermaßen aus:

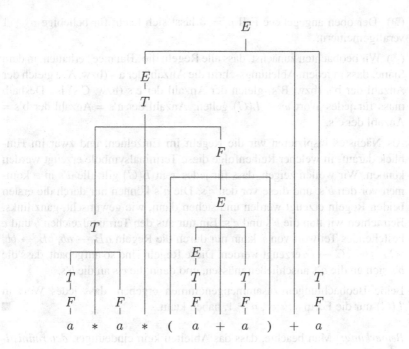

Ein weiteres *Beispiel*:

$$G = (V, \Sigma, P, S), \text{ wobei:}$$
$$V = \{S, B, C\}$$
$$\Sigma = \{a, b, c\}$$
$$P = \{S \to aSBC, S \to aBC, CB \to BC,$$
$$aB \to ab, bB \to bb, bC \to bc, cC \to cc\}$$

Es gilt zum Beispiel:

$$S \Rightarrow aSBC \Rightarrow aaSBCBC \Rightarrow aaaBCBCBC \Rightarrow$$
$$aaaBBCCBC \Rightarrow aaaBBCBCC \Rightarrow aaaBBBCCC \Rightarrow$$
$$aaabBBCCC \Rightarrow aaabbBCCC \Rightarrow aaabbbCCC \Rightarrow$$
$$aaabbbcCC \Rightarrow aaabbbccC \Rightarrow aaabbbccc = a^3b^3c^3$$

Wir vermuten, dass allgemein gilt:

$$L(G) = \{a^n b^n c^n \mid n \geq 1\}$$

Tatsächlich lässt sich dies beweisen:

($\supseteq$) Der oben angegebene Fall $n = 3$ lässt sich leicht für beliebige $n \geq 1$ verallgemeinern.

($\subseteq$) Wir beobachten zunächst, dass alle Regeln die „Balance" erhalten, in dem Sinne, dass in jedem Ableitungsschritt die Anzahl der a's (bzw. A's) gleich der Anzahl der b's (bzw. B's) gleich der Anzahl der c's (bzw. C's) ist. Deshalb muss für jedes Wort $w \in L(G)$ gelten: Anzahl der a's = Anzahl der b's = Anzahl der c's.

Als Nächstes inspizieren wir die Regeln im Einzelnen, und zwar im Hinblick darauf, in welcher Reihenfolge diese Terminalsymbole erzeugt werden können. Wir wollen zeigen, dass für jedes x in $L(G)$ gilt: die a's in x kommen vor den b's, und diese vor den c's. Die a's können nur durch die ersten beiden Regeln erzeugt werden und stehen dann, wie gewünscht, ganz links. Betrachten wir nun die b's und c's: Ein nur aus den Terminalzeichen b und c bestehendes Teilwort von x kann nur durch die Regeln $aB \to ab$, $bB \to bb$, $bC \to bc$, $cC \to cc$ erzeugt werden. Diese Regeln sind so aufgebaut, dass die b's sich an die a's anschließen müssen, und dann die c's an die b's.

Beide Beobachtungen zusammengenommen ergeben, dass jedes Wort in $L(G)$ nur die Form $a^n b^n c^n$, $n \geq 1$, haben kann. ∎

Bemerkung: Man beachte, dass das Ableiten kein eindeutiger, *deterministischer* Prozess ist, sondern ein *nichtdeterministischer*. Mit anderen Worten: Die Relation $\Rightarrow_G$ ist i.A. keine Funktion. Für ein gegebenes Wort x aus $(V \cup \Sigma)^*$ kann es mehrere Wörter x' (aber nur endlich viele) geben mit: $x \Rightarrow_G x'$. Zum einen kann es in x mehrere Teilwörter geben, die linke Seite einer Regel sind. Zum anderen kann es für dasselbe Teilwort von x mehrere Regeln mit dieser linken Seite geben.

Grafisch dargestellt kann man sich diese Situation wie einen (endlich verzweigten, aber i.A. unendlich großen) Baum vorstellen mit S an der Wurzel (nicht zu verwechseln mit einem Syntaxbaum):

Den Blättern dieses Baumes sind dann die Wörter der erzeugten Sprache zugeordnet, es kann jedoch auch unendlich lange Pfade geben. Ebenfalls kann es Pfade geben, die in einer Satzform enden, welche nicht mehr weiter zu einem Terminalwort abgeleitet werden kann („Sackgasse").

Notation: Wir werden im Folgenden Grammatiken i.A. nicht so ausführlich angeben, wie es die Definition eigentlich erfordert, sondern uns oft auf die Angabe der Regeln P beschränken. Hierbei gehen wir von folgenden Konventionen aus. Großbuchstaben (oder Wörter in spitzen Klammern) bezeichnen Variablen; Terminalzeichen sind im Allgemeinen an der Kleinschreibung zu erkennen.

1.1.2 Chomsky-Hierarchie

Von Noam Chomsky, einem Pionier der Sprach-Theorie, stammt folgende Einteilung von Grammatiken in *Typen,* nämlich Typ 0 – 3 (manchmal auch Chomsky 0 – 3 genannt).

> **Definition.** Jede Grammatik ist zunächst automatisch vom *Typ 0.* Das heißt, bei Typ 0 sind den Regeln keinerlei Einschränkungen auferlegt. (Man spricht auch von allgemeinen *Phrasenstruktur-grammatiken*).
>
> Eine Grammatik ist vom *Typ 1* oder *kontextsensitiv,* falls für alle Regeln $w_1 \to w_2$ in P gilt: $|w_1| \leq |w_2|$.
>
> Eine Typ 1–Grammatik ist vom *Typ 2* oder *kontextfrei,* falls für alle Regeln $w_1 \to w_2$ in P gilt, dass w_1 eine einzelne Variable ist, d.h. $w_1 \in V$.
>
> Eine Typ 2–Grammatik ist vom *Typ 3* oder *regulär,* falls zusätzlich gilt: $w_2 \in \Sigma \cup \Sigma V$, d.h. die rechten Seiten von Regeln sind entweder einzelne Terminalzeichen oder ein Terminalzeichen gefolgt von einer Variablen.
>
> Eine Sprache $L \subseteq \Sigma^*$ heißt vom Typ 0 (Typ 1, Typ 2, Typ 3), falls es eine Typ 0 (Typ 1, Typ 2, Typ 3)–Grammatik G gibt mit $L(G) = L$.

Bemerkung: Die obige Beispielgrammatik für $a^n b^n c^n$ ist kontextsensitiv (Typ 1), die Grammatik für die arithmetischen Ausdrücke ist kontextfrei (Typ 2).

Die Bezeichnungen „kontextfrei" und „kontextsensitiv" haben folgende Begründung: Bei Vorliegen einer kontextfreien Regel $A \to x$ kann die Variable A – unabhängig vom Kontext, in dem A steht – bedingungslos durch x ersetzt werden. Bei einer kontextsensitiven Grammatik dagegen ist es möglich, Regeln der Form $uAv \rightarrow uxv$ anzugeben. Das bedeutet, dass A nur dann durch x ersetzt werden kann, wenn die Variable A im „Kontext" zwischen u und v steht.

Das folgende Bild veranschaulicht für Typ 0– und Typ 1–Grammatiken, wie die Länge der Satzformen zunimmt (und evtl. abnimmt), bis das gewünschte Wort der Länge n abgeleitet ist.

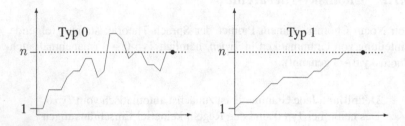

ε-Sonderregelung: Wegen der Forderung $|w_1| \leq |w_2|$ kann das leere Wort ε bei Typ 1,2,3–Grammatiken nicht abgeleitet werden, d.h. es gilt immer $\varepsilon \notin L(G)$. Das ist eigentlich nicht wünschenswert. Deshalb soll über die obige Definition hinaus folgende Sonderregelung gelten: Ist $\varepsilon \in L(G)$ erwünscht, so sei die Regel $S \rightarrow \varepsilon$ zugelassen (S ist die Startvariable). In diesem Fall ist es dann aber unzulässig, dass S auf der rechten Seite einer Produktion vorkommt. Dies ist keine Beschränkung der Allgemeinheit: Kommt S auf einer rechten Seite vor, so ersetzen wir die alten Regeln (für die Sprache ohne ε) durch folgende (hierbei ist S' eine neue Variable):

1. $S \rightarrow$ die rechten Seiten der S-Regeln, mit S ersetzt durch S'

2. alle Regeln mit S ersetzt durch S'

3. $S \rightarrow \varepsilon$

Man beachte, dass hierdurch der Typ der Grammatik nicht verändert wird (abgesehen von der nun neu zugelassenen Regel $S \rightarrow \varepsilon$).

Bei *kontextfreien* und *regulären* Grammatiken ist es oftmals wünschenswert und bequem, auch Regeln der Form $A \rightarrow \varepsilon$ zuzulassen, wobei A nicht unbedingt die Startvariable ist (vgl. das allererste, einführende Beispiel). Bei den kontextfreien und bei den regulären Grammatiken (aber nur bei diesen!) ist nichts dagegen einzuwenden, denn man kann jeder solchen Grammatik G mit $\varepsilon \notin L(G)$ eine entsprechende Grammatik G' ohne ε-Regeln zuordnen, die dieselbe Sprache erzeugt. (Falls $\varepsilon \in L(G)$, so kommt noch die obige Sonder-regelung hinzu).

Hierzu zerlegen wir die Menge der Variablen V zunächst so in V_1 und V_2, dass für alle $A \in V_1$ (und nur für diese) gilt $A \Rightarrow^* \varepsilon$. Die Variablenmenge V_1 findet man wie folgt: Sofern $A \to \varepsilon$ eine Regel in P ist, so ist $A \in V_1$. Weitere Variablen B in V_1 findet man sukzessive dadurch, dass es in P eine Regel $B \to A_1 A_2 \ldots A_k$, $k \geq 1$, gibt mit $A_i \in V_1$ ($i = 1, \ldots, k$). Nach endlich vielen Schritten hat man alle Variablen in V_1 gefunden.

Als Nächstes entfernen wir alle Regeln der Form $A \to \varepsilon$ aus P und fügen für jede Regel der Form $B \to xAy$ mit $B \in V$, $A \in V_1$, $xy \in (V \cup \Sigma)^+$ eine weitere Regel der Form $B \to xy$ zu P hinzu. (Hierdurch wird sozu-sagen die Möglichkeit, dass A auf das leere Wort abgeleitet werden kann, vorweggenommen). Wenn sich die Regel $B \to \ldots$ in mehrfacher Weise so zerlegen lässt, dass auf der rechten Seite Variablen vorkommen, die zu ε ab-geleitet werden können, so müssen mehrere entsprechende B-Regeln hinzu-gefügt werden, die - wie oben erwähnt - die Möglichkeit des leeren Wortes jeweils vorwegnehmen. Die resultierende Grammatik ist dann G'.

Die Typ 3–Sprachen sind echt in der Menge der Typ 2–Sprachen enthalten. Ebenso sind die Typ 2–Sprachen echt in den Typ 1–Sprachen enthalten, und die Typ 1–Sprachen sind echt in den Typ 0–Sprachen enthalten. Beispiele für Sprachen in der jeweiligen Differenzmenge sind:

$$L = \{a^n b^n \mid n \geq 1\}$$

ist vom Typ 2, aber nicht vom Typ 3 (vgl. Seite 33).

$$L' = \{a^n b^n c^n \mid n \geq 1\}$$

ist vom Typ 1, aber nicht vom Typ 2 (vgl. Seite 53).

$$L'' = H$$

ist vom Typ 0, aber nicht vom Typ 1. (Hierbei ist H das „Halteproblem", vgl. Seite 121). Ferner gibt es entscheidbare Sprachen, die nicht Typ 1 sind. Wir nennen diese aus 4 Sprachklassen bestehende Hierarchie (Typ 3 $\subset$ Typ 2 $\subset$ Typ 1 $\subset$ Typ 0) die *Chomsky-Hierarchie*.

Ferner gilt, dass alle Sprachen vom Typ 1,2,3 *entscheidbar* sind, d.h. es gibt einen Algorithmus, der bei Eingabe von G und w in endlicher Zeit feststellt, ob $w \in L(G)$ oder nicht (der Beweis findet sich weiter unten). Die Typ 0–Sprachen sind identisch mit den *semi-entscheidbaren* oder *rekursiv aufzähl-baren Sprachen* (vgl. Kapitel über Berechenbarkeit, S. 117). Daher gibt es

Typ 0–Sprachen, die nicht entscheidbar sind. (Obige Sprache L'' ist ein solches Beispiel).

Da Typ 0–Grammatiken per Definition endliche Objekte sind, ist die Menge aller Typ 0–Grammatiken eine abzählbare Menge, hat also dieselbe Kardinalität wie $I\!N$, die Menge der natürlichen Zahlen. Da jeder Typ 0–Sprache mindestens eine Typ 0–Grammatik zugeordnet ist, ist die Menge der Typ 0–Sprachen gleichfalls abzählbar. Die Menge *aller* Sprachen aber, sogar schon die Menge aller Teilmengen von $\{0, 1\}^*$ ist überabzählbar, sie hat dieselbe Kardinalität wie $I\!R$, die Menge der reellen Zahlen. Daher muss es Sprachen geben, die nicht durch Grammatiken beschreibbar sind. Mehr noch: maßtheoretisch gesehen hat die Menge der Typ 0–Sprachen das Maß 0. Dass diese Nullmenge trotzdem viel interessante Theorie hergibt, werden wir noch sehen.

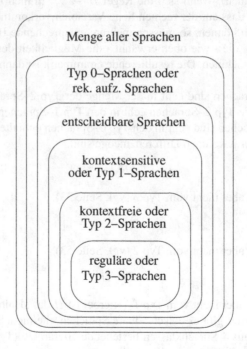

Für die praktische Umsetzung in der Informatik (Syntaxanalyse, Compilerbau) sind vor allem die regulären (Typ 3–) und kontextfreien (Typ 2–) Sprachen von Interesse. Deshalb sind diese Sprach-Typen auch besonders intensiv untersucht worden, und es wurden zwischen Typ 3 und Typ 2 noch weitere Sprachklassen eingebettet (linear kontextfreie Sprachen, deterministisch kontextfreie Sprachen, $LL(k)$- und $LR(k)$-Sprachen, etc.).

Allerdings sind die konkreten Fragestellungen, mit denen man es in der Praxis zu tun hat, im Allgemeinen eher kontextsensitiv (Typ 1) oder sogar Typ 0. Wegen der schwierigeren algorithmischen Handhabung von Typ 0,1–Sprachen, wird trotzdem oft versucht, mit kontextfreien Grammatiken zu arbeiten, und die unterschiedlichen „Kontextbedingungen" und „Sonderfälle" dann durch nicht-grammatikalische Zusatzalgorithmen zu behandeln.

Zum Beispiel ist die Menge aller korrekten MODULA-Programme eigentlich nicht kontextfrei (denn Bedingungen wie Typverträglichkeiten, korrekte Anzahl von Parametern in Prozeduraufrufen, ausschließliches Verwenden von vorher deklarierten Objekten, etc. lassen sich nicht durch kontextfreie Grammatiken ausdrücken – wie schon fast der Name „kontextfrei" suggeriert). Trotzdem werden zur Beschreibung der Syntax von MODULA kontextfreie Grammatiken (bzw. Syntaxdiagramme, BNF) verwendet – mit dem Verständnis, dass über die durch die Syntaxdiagramme festgelegte Syntax hinaus noch Typüberprüfungen etc. zu erfolgen haben.

1.1.3 Wortproblem

Sei $S \Rightarrow x_1 \Rightarrow \ldots \Rightarrow x_k = x$ eine Herleitung des Wortes x der Länge n in einer kontextsensitiven Grammatik. Durch die Bedingung $|w_1| \leq |w_2|$ bei kontextsensitiven Grammatiken ergibt sich, dass alle „Zwischenergebnisse", die im Verlauf dieser Herleitung entstehen, höchstens die Länge n haben (vgl. Diagramm auf Seite 10). Da es nur endlich viele Wörter über $(V \cup \Sigma)^*$ der Länge $\leq n$ gibt, ist es einsichtig, dass man durch systematisches Durchprobieren in der Lage ist, in endlicher Zeit zu entscheiden, ob ein gegebenes x in $L(G)$ liegt oder nicht.

Der folgende Satz führt dies präzise aus:

Satz.

DAS *Wortproblem* FÜR TYP 1–SPRACHEN (UND DAMIT AUCH FÜR TYP 2, TYP 3–SPRACHEN) IST ENTSCHEIDBAR.

GENAUER:

ES GIBT EINEN ALGORITHMUS, DER BEI EINGABE EINER KONTEXT-SENSITIVEN GRAMMATIK $G = (V, \Sigma, P, S)$ UND EINES WORTES $x \in \Sigma^*$ IN ENDLICHER ZEIT ENTSCHEIDET, OB $x \in L(G)$ ODER $x \notin L(G)$.

Beweis: Für $m, n \in I\!N$ definiere Mengen T_m^n wie folgt:

$$T_m^n = \{ w \in (V \cup \Sigma)^* \mid |w| \leq n \text{ und } w \text{ lässt sich aus } S$$
$$\text{in höchstens } m \text{ Schritten ableiten} \}$$

Die Mengen T_m^n, $n \geq 1$, lassen sich induktiv über m definieren:

$$T_0^n = \{ S \}$$
$$T_{m+1}^n = Abl_n(T_m^n), \text{ wobei}$$
$$Abl_n(X) = X \cup \{ w \in (V \cup \Sigma)^* \mid |w| \leq n \text{ und}$$
$$w' \Rightarrow w \text{ für ein } w' \in X \}$$

Diese Darstellung ist nur für Typ 1–Grammatiken korrekt. (Bei einer Typ 0–Grammatik könnte es ja sein, dass aus einem Wort der Länge $> n$ ein Wort der Länge $\leq n$ ableitbar ist).

Da es nur endlich (nämlich exponentiell in n) viele Wörter der Länge $\leq n$ in $(V \cup \Sigma)^*$ gibt, ist

$$\bigcup_{m \geq 0} T_m^n$$

für jedes n eine endliche Menge (der Mächtigkeit $2^{O(n)}$). Daraus ergibt sich, dass es ein m gibt mit

$$T_m^n = T_{m+1}^n = T_{m+2}^n = \cdots$$

Falls nun x, $|x| = n$, in $L(G)$ liegt, so muss x in $\bigcup_{m \geq 0} T_m^n$ und damit in T_m^n für ein m liegen. Damit ergibt sich der folgende Algorithmus:

```
INPUT (G, x); { |x| = n }
T := {S};
REPEAT
    T1 := T;
    T := Abl_n(T1)
UNTIL (x ∈ T) OR (T = T1);
IF x ∈ T
    THEN WriteString('x liegt in L(G)')
    ELSE WriteString('x liegt nicht in L(G)')
END
```

■

Bemerkung: Der Algorithmus hat exponentielle Laufzeit. Dieses ist durch andere Programmierung auch kaum zu vermeiden, denn das Wortproblem für kontextsensitive Sprachen ist *NP-hart* (vgl. Kapitel über Komplexitätstheorie, S. 173).

Beispiel: Betrachten wir die obige Beispielgrammatik für $a^n b^n c^n$ mit den Regeln:

$$S \to aSBC, S \to aBC, CB \to BC, aB \to ab, bB \to bb, bC \to bc, cC \to cc$$

Sei $n = 4$. Dann erhalten wir:

$$
\begin{aligned}
T_0^4 &= \{S\} \\
T_1^4 &= \{S, aSBC, aBC\} \\
T_2^4 &= \{S, aSBC, aBC, abC\} \\
T_3^4 &= \{S, aSBC, aBC, abC, abc\} \\
T_4^4 &= \{S, aSBC, aBC, abC, abc\} = T_3^4
\end{aligned}
$$

Das heißt, das einzige Wort der Sprache $L(G)$ der Länge ≤ 4 ist abc (wie wir bereits wissen).

1.1.4 Syntaxbäume

Wir haben die Syntaxbäume informell an den Beispielen schon eingeführt. Wir wollen dies nun etwas formaler machen.

Einer Ableitung eines Wortes x in einer Typ 2– (oder 3–)Grammatik G kann man einen Syntaxbaum oder Ableitungsbaum zuordnen. Sei $x \in L(G)$ und sei $S = x_0 \Rightarrow x_1 \Rightarrow x_2 \Rightarrow \dots \Rightarrow x_n = x$ eine Ableitung des Wortes x. Dann wird der Wurzel des Syntaxbaumes die Startvariable S zugeordnet. Für $i = 1, 2, \dots, n$ gehe man nun wie folgt vor: Falls im i-ten Ableitungsschritt (also beim Übergang von x_{i-1} nach x_i) gerade die Variable A durch ein Wort z ersetzt wird (wegen $A \to z \in P$), dann sehe im Syntaxbaum $|z|$ viele Söhne von A vor und beschrifte diese mit den einzelnen Zeichen von z. Auf diese Weise entsteht ein Baum, dessen Blätter gerade mit den Symbolen in x beschriftet sind.

Man beachte, dass Ableitungsbäume bei regulären Grammatiken immer die „entartete" Form einer nach rechts geneigten linearen Kette haben:

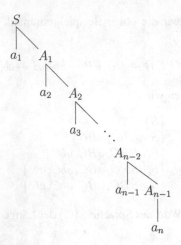

Verschiedenen Ableitungen kann derselbe Syntaxbaum zugeordnet sein: Die folgenden beiden Ableitungen von $a * a$ (vgl. obige Beispielgrammatik)

$$E \Rightarrow T \Rightarrow T * F \Rightarrow F * F \Rightarrow a * F \Rightarrow a * a$$

und

$$E \Rightarrow T \Rightarrow T * F \Rightarrow T * a \Rightarrow F * a \Rightarrow a * a$$

besitzen denselben Syntaxbaum:

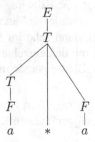

Die erste der beiden Ableitungen zeichnet sich dadurch aus, dass in jedem Schritt immer die erste vorkommende – also am weitesten links stehende – Variable durch eine Regelanwendung ersetzt wird. Dies ist eine so genannte *Linksableitung*. Man kann umgekehrt offensichtlich jedem gegebenen Syntaxbaum eindeutig eine Linksableitung zuordnen. Daher erhalten wir:

$$x \in L(G) \quad \Leftrightarrow \quad \text{es gibt (irgend)eine Ableitung von } x$$

⇔   es gibt einen Syntaxbaum mit x an den Blättern

⇔   es gibt eine Linksableitung von x

Entsprechendes gilt natürlich auch für die *Rechtsableitung*.

Trotzdem kann es vorkommen, dass es für dasselbe Wort x verschiedenartig strukturierte Syntaxbäume gibt. Man sagt dann, dass die Grammatik *mehrdeutig* ist. Wenn für kein Wort x dieser Fall eintritt, heißt die Grammatik *eindeutig*. In der Grammatik

$$S \rightarrow aB$$
$$S \rightarrow Ac$$
$$A \rightarrow ab$$
$$B \rightarrow bc$$

gibt es zwei unterschiedliche Syntaxbäume für das Wort abc:

In diesem Fall kann natürlich die Mehrdeutigkeit beseitigt werden: man kann eine andere, eindeutige Grammatik angeben, die dieselbe Sprache definiert (z.B.: $S \rightarrow abc$). Es gibt aber Fälle, bei denen die Mehrdeutigkeit unvermeidbar ist. Eine kontextfreie Sprache A heißt *inhärent mehrdeutig*, wenn *jede* Grammatik G mit $L(G) = A$ mehrdeutig ist. Wir zeigen später, dass es im Allgemeinen algorithmisch unmöglich ist festzustellen, ob eine kontextfreie Grammatik mehrdeutig (bzw. eine kontextfreie Sprache inhärent mehrdeutig) ist oder nicht (vgl. Seite 132).

Ein Beispiel für eine inhärent mehrdeutige, kontextfreie Sprache ist

$$L = \{a^i b^j c^k \mid i = j \text{ oder } j = k\}$$

1.1.5   Backus-Naur-Form

Von Backus und Naur stammt ein Formalismus zum kompakten Niederschreiben von kontexfreien (also Typ 2–) Grammatiken, kurz BNF genannt. (Diese Notation wurde im Zusammenhang mit der Konstruktion der Programmiersprache ALGOL 60 eingeführt).

Und zwar schreiben wir bei mehreren Regeln, die alle dieselbe linke Seite
haben

$$A \rightarrow \beta_1$$
$$A \rightarrow \beta_2$$
$$\vdots$$
$$A \rightarrow \beta_n$$

kürzer nur eine einzige „Metaregel" (unter Verwenden des „Metasymbols" |):

$$A \rightarrow \beta_1 \mid \beta_2 \mid \ldots \mid \beta_n$$

(Backus und Naur verwenden statt $\rightarrow$ allerdings ::=).

Wir werden im Folgenden auch diese abkürzende Notation verwenden.

Der von Backus und Naur verwendete Formalismus geht allerdings noch weiter (man spricht dann von *erweiterter BNF*, kurz: EBNF).

So steht z.B.

$$A \rightarrow \alpha[\beta]\gamma$$

für die Regeln

$$A \rightarrow \alpha\gamma$$
$$A \rightarrow \alpha\beta\gamma$$

Bedeutung: Das Wort β kann – muss aber nicht – zwischen α und γ eingefügt
werden.

Ferner steht

$$A \rightarrow \alpha\{\beta\}\gamma$$

für die Regeln

$$A \rightarrow \alpha\gamma$$
$$A \rightarrow \alpha B\gamma$$
$$B \rightarrow \beta$$
$$B \rightarrow \beta B$$

Bedeutung: Das Wort β kann zwischen α und γ beliebig oft (auch null-mal)
wiederholt werden.

Da (E)BNF und kontextfreie Grammatiken gleichwertig sind, heißt das also,
dass durch (E)BNF exakt die kontextfreien, also Typ 2–Sprachen dargestellt
werden.

1.2 Reguläre Sprachen

In diesem Abschnitt wollen wir die regulären (also Typ 3–) Sprachen näher untersuchen. Wir werden verschiedene äquivalente Charakterisierungen beweisen (z.B. mittels (nicht)deterministischer endlicher Automaten, mittels regulärer Ausdrücke und mittels gewisser Äquivalenzrelationen) und Eigenschaften der regulären Sprachen angeben (Pumping Lemma, Abschlusseigenschaften).

1.2.1 Endliche Automaten

Ein (deterministischer, endlicher) Automat wird – bildhaft gesprochen – auf ein Eingabewort angesetzt und dieser „erkennt" (oder „akzeptiert") dieses Wort schließlich – oder auch nicht. Die Menge der akzeptierten Wörter bildet dann die durch den Automaten dargestellte oder definierte Sprache. Bei den Grammatiken war der Mechanismus in gewisser Weise umgekehrt: Die Grammatik „erzeugt" durch entsprechende Regelanwendungen ein Wort. Das Wort der Sprache entsteht also erst am Ende des Erzeugungsprozesses.

Wir beginnen mit der Definition der *endlichen Automaten* (englisch: deterministic finite automaton, kurz: DFA).

Definition. Ein *(deterministischer) endlicher Automat* M wird spezifiziert durch ein 5-Tupel

$$M = (Z, \Sigma, \delta, z_0, E).$$

Hierbei bezeichnet Z die Menge der *Zustände* und Σ ist das *Eingabealphabet*, $Z \cap \Sigma = \emptyset$. Z und Σ müssen – wie schon der Name sagt – endliche Mengen sein. $z_0 \in Z$ ist der *Startzustand*, $E \subseteq Z$ ist die Menge der *Endzustände* und $\delta : Z \times \Sigma \longrightarrow Z$ heißt die *Überführungsfunktion*.

Wir veranschaulichen uns endliche Automaten durch ihren *Zustandsgraphen*, der ein gerichteter, beschrifteter Graph ist, wobei die Zustände die Knoten sind. Der Knoten, der dem Startzustand entspricht, wird durch einen hineingehenden Pfeil besonders markiert und alle Endzustände werden durch doppelte Kreise gekennzeichnet. Die Kanten in dem Graphen sind folgendermaßen definiert: Von z_1 nach z_2 geht eine mit $a \in \Sigma$ beschriftete Kante, falls $\delta(z_1, a) = z_2$.

Beispiel: Sei $M = (Z, \Sigma, \delta, z_0, E)$, wobei

$$
\begin{aligned}
Z &= \{z_0, z_1, z_2, z_3\} \\
\Sigma &= \{a, b\} \\
E &= \{z_3\} \\
\delta(z_0, a) &= z_1 \\
\delta(z_0, b) &= z_3 \\
\delta(z_1, a) &= z_2 \\
\delta(z_1, b) &= z_0 \\
\delta(z_2, a) &= z_3 \\
\delta(z_2, b) &= z_1 \\
\delta(z_3, a) &= z_0 \\
\delta(z_3, b) &= z_2
\end{aligned}
$$

Der zuständige Graph sieht folgendermaßen aus:

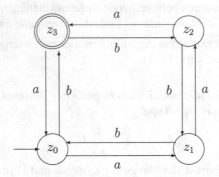

Ein endlicher Automat beschreibt (erkennt, akzeptiert) eine Sprache $L \subseteq \Sigma^*$ wie folgt. Ein einzelnes Wort $a_1 a_2 \ldots a_n$ wird von dem Automaten dadurch „erkannt", dass der Automat beim „Lesen" dieses Eingabeworts eine Folge von Zuständen $z_0, z_1, \ldots, z_n$ durchläuft. Hierbei ist z_0 der Startzustand und es gilt $\delta(z_{i-1}, a_i) = z_i$ für $i = 1, \ldots, n$. Und schließlich muss z_n in E liegen, also ein Endzustand sein.

Bildhafte Deutung:

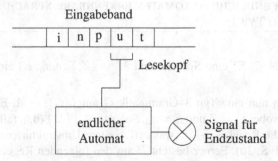

Der obige Beispielautomat erkennt somit die Sprache

$$L = \{x \in \Sigma^* \mid ((\text{Anzahl } a\text{'s in } x) - (\text{Anzahl } b\text{'s in } x)) \equiv 3 \ (\text{mod } 4)\}$$

Die folgende Definition führt diese informale Erklärung formal aus.

Definition. Zu einem gegebenen DFA $M = (Z, \Sigma, \delta, z_0, E)$ definieren wir eine Funktion $\hat{\delta} : Z \times \Sigma^* \longrightarrow Z$ durch eine induktive Definition wie folgt:

$$\hat{\delta}(z, \varepsilon) = z$$
$$\hat{\delta}(z, ax) = \hat{\delta}(\delta(z, a), x)$$

Hierbei ist $z \in Z$, $x \in \Sigma^*$ und $a \in \Sigma$.

Die von M *akzeptierte Sprache* ist

$$T(M) = \{x \in \Sigma^* \mid \hat{\delta}(z_0, x) \in E\}$$

Die Definition von $\hat{\delta}$ erweitert offensichtlich die Definition von δ von Einzelzeichen zu Wörtern. Für ein einzelnes Zeichen a gilt: $\hat{\delta}(z, a) = \delta(z, a)$. Es gilt ferner:

$$\hat{\delta}(z, a_1 a_2 \ldots a_n) = \delta(\ldots \delta(\delta(z, a_1), a_2) \ldots, a_n)$$

Satz.
JEDE DURCH ENDLICHE AUTOMATEN ERKENNBARE SPRACHE IST RE-
GULÄR (ALSO TYP 3).

Beweis: Sei $A \subseteq \Sigma^*$ eine Sprache und $M = (Z, \Sigma, \delta, z_0, E)$ ein DFA mit $T(M) = A$.

Wir definieren nun eine Typ 3–Grammatik G mit $L(G) = A$. Es ist $G = (V, \Sigma, P, S)$, wobei $V = Z$ und $S = z_0$. Sofern $\varepsilon \in T(M)$ (d.h. falls $z_0 \in E$), so enthält P die Regel $z_0 \rightarrow \varepsilon$ (was evtl. weitere Umstrukturierungen nach sich zieht, vgl. S. 10). Ferner besteht P aus den folgenden Regeln: Jeder δ-„Anweisung"

$$\delta(z_1, a) = z_2$$

ordnen wir folgende Regel(n) in P zu:

$$z_1 \rightarrow a z_2 \in P$$

und zusätzlich, falls $z_2 \in E$,

$$z_1 \rightarrow a \in P.$$

Nun gilt für alle $x = a_1 a_2 \ldots a_n \in \Sigma^*$:

$x \in T(M)$

genau dann wenn es gibt eine Folge von Zuständen $z_0, z_1, \ldots, z_n$ mit: z_0 ist Startzustand, $z_n \in E$ und für $i = 1, \ldots, n$: $\delta(z_{i-1}, a_i) = z_i$

genau dann wenn es gibt eine Folge von Variablen $z_0, z_1, \ldots, z_{n-1}$ mit: z_0 ist Startvariable und es gilt: $z_0 \Rightarrow a_1 z_1 \Rightarrow a_1 a_2 z_2 \Rightarrow \ldots \Rightarrow a_1 a_2 \ldots a_{n-1} z_{n-1} \Rightarrow a_1 a_2 \ldots a_{n-1} a_n$

genau dann wenn $x \in L(G)$. ∎

1.2.2 Nichtdeterministische Automaten

Tatsächlich gilt auch die Umkehrung des Satzes, so dass also eine Sprache regulär ist *genau dann, wenn* sie von einem endlichen Automaten erkannt wird. Um diese Richtung (reguläre Grammatik $\longrightarrow$ DFA) zu beweisen, benötigen wir ein beweistechnisches Hilfsmittel, sozusagen als Zwischenschritt, den *nichtdeterministischen Automaten* (engl.: nondeterministic finite automaton, kurz: NFA).

Wir erläutern den NFA zunächst informal. Bei einem NFA ist es zugelassen, dass vom selben Zustand $z \in Z$ aus mehrere (oder auch gar keine) Pfeile ausgehen, die mit $a \in \Sigma$ beschriftet sind.

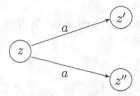

Wie soll nun ein derartiger Automat „funktionieren"? Wenn im Zustand z das Zeichen a gelesen wird, so *kann* der Automat sowohl in z' als auch in z'' übergehen. Beide Möglichkeiten werden gleichwertig behandelt. Ein Wort $x \in \Sigma^*$ gilt dann schon vom Automaten akzeptiert, wenn er bei Lesen von x eine Zustandsfolge durchlaufen *kann*, die auf einen Endzustand führt. Andere mögliche Zustandsfolgen können durchaus auf Nicht-Endzustände führen. Wichtig ist, dass es *mindestens eine* akzeptierende Zustandsfolge gibt. Konsequenterweise lassen wir nun auch eine *Menge* von Startzuständen, anstatt eines einzigen, zu.

Die folgende Definition formalisiert dies.

Definition: Ein nichtdeterministischer, endlicher Automat (kurz: NFA) wird spezifiziert durch ein 5-Tupel

$$M = (Z, \Sigma, \delta, S, E)$$

Hierbei sind:

- Z eine endliche Menge, die *Zustände*
- Σ eine endliche Menge, das *Eingabealphabet*, $Z \cap \Sigma = \emptyset$
- δ eine Funktion von $Z \times \Sigma$ nach $\mathcal{P}(Z)$, die *Überführungsfunktion*
- $S \subseteq Z$ die Menge der *Startzustände*
- $E \subseteq Z$ die Menge der *Endzustände*

Die Funktion δ kann wieder verallgemeinert werden zu $\hat{\delta}$: $\mathcal{P}(Z) \times \Sigma^* \longrightarrow \mathcal{P}(Z)$, und zwar durch folgende induktive Definition:

$$\hat{\delta}(Z', \varepsilon) = Z' \text{ für alle } Z' \subseteq Z$$
$$\hat{\delta}(Z', ax) = \bigcup_{z \in Z'} \hat{\delta}(\delta(z, a), x)$$

Die von einem NFA *akzeptierte Sprache* ist

$$T(M) = \{x \in \Sigma^* \mid \hat{\delta}(S, x) \cap E \neq \emptyset\}$$

Beispiel: Der folgende NFA akzeptiert genau die Wörter x über $\{0, 1\}$, die mit 00 enden, oder falls $x = 0$ ist.

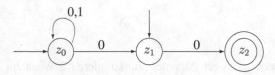

Satz. (RABIN, SCOTT)
JEDE VON EINEM NFA AKZEPTIERBARE SPRACHE IST AUCH DURCH EINEN DFA AKZEPTIERBAR.

Beweis: Sei $M = (Z, \Sigma, \delta, S, E)$ ein gegebener NFA. Wir konstruieren einen DFA M', der ebenfalls $T(M)$ akzeptiert, dadurch dass wir in M' jede mögliche Teilmenge der Zustände von M (also die Elemente der Potenzmenge von Z) als *Einzelzustand* von M' vorsehen. Die restlichen Teile der Definition von M' ergeben sich dann mehr oder weniger zwangsläufig.

Wir setzen also

$$M' = (\mathcal{Z}, \Sigma, \delta', z_0', E')$$

wobei

$$
\begin{aligned}
\mathcal{Z} &= \mathcal{P}(Z) \\
\delta'(Z', a) &= \bigcup_{z \in Z'} \delta(z, a) = \hat{\delta}(Z', a), \ Z' \in \mathcal{Z} \\
z_0' &= S \\
E' &= \{Z' \subseteq Z \mid Z' \cap E \neq \emptyset\}
\end{aligned}
$$

Es ist klar, dass nun für alle $x = a_1 \ldots a_n \in \Sigma^*$ gilt:

$$x \in T(M)$$

genau dann wenn $\hat{\delta}(S, x) \cap E \neq \emptyset$

genau dann wenn es gibt eine Folge von Teilmengen $Z_1, Z_2, \ldots, Z_n$ von Z mit $\delta'(S, a_1) = Z_1$, $\delta'(Z_1, a_2) = Z_2$, $\ldots$, $\delta'(Z_{n-1}, a_n) = Z_n$ und $Z_n \cap E \neq \emptyset$.

genau dann wenn $\hat{\delta}'(S, x) \in E'$

genau dann wenn $x \in T(M')$. ∎

Beispiel: Für obigen nichtdeterministischen Automaten ergibt sich aus dem Beweis der folgende deterministische Automat mit den 8 Zuständen $\emptyset$, $\{z_0\}$, $\{z_1\}$, $\{z_2\}$, $\{z_0, z_1\}$, $\{z_0, z_2\}$, $\{z_1, z_2\}$, $\{z_0, z_1, z_2\}$. Der Startzustand ist $\{z_0, z_1\}$ (da z_0 und z_1 die Startzustände des NFAs sind). Die Endzustände des neuen Automaten sind alle Zustände, die mindestens einen ursprünglichen Endzustand enthalten.

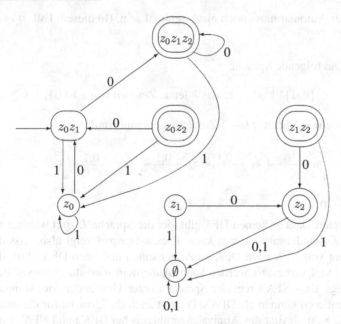

Im Allgemeinen enthält der so entstandene deterministische Automat viele überflüssige Zustände. Wenn wir alle Zustände entfernen, die vom Startzustand (hier: $z_0 z_1$) nicht erreichbar sind, erhalten wir:

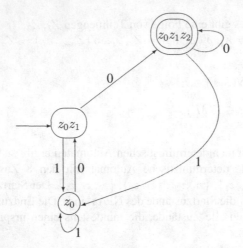

Auch dieser Automat muss noch nicht minimal sein. (In diesem Fall ist er es allerdings).

Beispiel: Die folgende Sprache

$$L_k = \{x \in \{0,1\}^* \mid |x| \geq k, \text{ das } k\text{-letzte Zeichen von } x \text{ ist } 0\}, \quad k \geq 1$$

kann durch einen NFA mit $k + 1$ Zuständen erkannt werden:

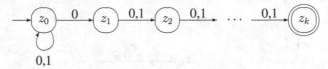

Wir behaupten, dass es keinen DFA gibt, der die Sprache L_k mit weniger als 2^k vielen Zuständen akzeptieren kann. Dieses Beispiel zeigt also, dass die Umformung von NFA nach DFA im Allgemeinen auf einen DFA führt, der nicht allzu viel verbessert werden kann. Außerdem wird durch dieses Beispiel gezeigt, dass NFA's reguläre Sprachen unter Umständen viel kompakter repräsentieren können als DFA's. Dies ist auch die Ursache für die unterschiedliche Komplexität des Äquivalenzproblems bei DFA's und NFA's (vgl. Seite 43 und 173).

Wenn M ein DFA mit $< 2^k$ Zuständen ist, dann muss es zwei Wörter $y_1, y_2 \in \{0,1\}^k$ geben, so dass $\hat{\delta}(z_0, y_1) = \hat{\delta}(z_0, y_2)$. Sei i die erste Position, an der sich y_1 und y_2 unterscheiden ($1 \leq i \leq k$). Sei $w \in \{0,1\}^{i-1}$ beliebig. Dann gilt (o.B.d.A): $y_1 w = u0vw$ und $y_2 w = u1v'w$, wobei $|v| = |v'| = k - i$ und $|u| = i - 1$. Die Null (bzw. die Eins) in $y_1 w$ (bzw. $y_2 w$) kommt an der

k-letzten Stelle vor. Daher ist $y_1 w \in L_k$ und $y_2 w \notin L_k$. Andererseits gilt:

$$\hat{\delta}(z_0, y_1 w) = \hat{\delta}(\hat{\delta}(z_0, y_1), w)$$
$$= \hat{\delta}(\hat{\delta}(z_0, y_2), w)$$
$$= \hat{\delta}(z_0, y_2 w)$$

Daher gilt $y_1 w \in L_k \Leftrightarrow y_2 w \in L_k$. Dieser Widerspruch zeigt, dass M die Sprache L_k nicht erkennen kann.

Mit dem nächsten Satz zeigen wir schließlich, dass die durch (deterministische oder nichtdeterministische) endliche Automaten erkennbaren Sprachen genau die regulären Sprachen sind. Der Satz schließt noch die letzte Lücke im folgenden Ringschluss:

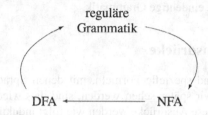

Satz.
FÜR JEDE REGULÄRE GRAMMATIK G GIBT ES EINEN NFA M MIT $L(G) = T(M)$.

Beweis: Sei die reguläre Grammatik $G = (V, \Sigma, P, S)$ gegeben. Wir geben einen geforderten NFA wie folgt an: $M = (Z, \Sigma, \delta, S', E)$ wobei

$$Z = V \cup \{X\}, \quad X \notin V$$
$$S' = \{S\}$$
$$E = \begin{cases} \{S, X\}, & S \to \varepsilon \in P \\ \{X\}, & S \to \varepsilon \notin P \end{cases}$$
$$\delta(A, a) \ni B \text{ falls } A \to aB \in P$$
$$\delta(A, a) \ni X \text{ falls } A \to a \in P$$

Nun gilt (für $n \geq 1$):

$$a_1 a_2 \ldots a_n \in L(G)$$

genau dann wenn es gibt eine Folge von Variablen $A_1, \ldots, A_{n-1}$ mit: $S \Rightarrow$
$a_1 A_1 \Rightarrow a_1 a_2 A_2 \Rightarrow \cdots \Rightarrow a_1 a_2 \ldots a_{n-1} A_{n-1} \Rightarrow a_1 a_2 \ldots a_{n-1} a_n$

genau dann wenn es gibt eine Folge von Zuständen $A_1, \ldots, A_{n-1}$ mit:
$\delta(S, a_1) \ni A_1, \delta(A_1, a_2) \ni A_2, \ldots, \delta(A_{n-1}, a_n) \ni X$

genau dann wenn $a_1 a_2 \ldots a_n \in T(M)$. ∎

Eine Konsequenz dieser Äquivalenzen ist, dass es keine regulären Sprachen gibt, die inhärent mehrdeutig sind. Mit anderen Worten: für jede reguläre Sprache gibt es eine eindeutige reguläre Grammatik, die diese Sprache erzeugt. Denn, wenn L eine reguläre Sprache ist, so kann man zu L einen DFA angeben, der L akzeptiert. Die Umformung vom DFA zu einer regulären Grammatik erzeugt eine eindeutige Grammatik.

1.2.3 Reguläre Ausdrücke

Reguläre Ausdrücke sind spezielle Formeln, mit denen Sprachen definiert werden können. (Wie wir später sehen werden, sind dies wieder genau die regulären Sprachen). Diese Ausdrücke werden wie folgt induktiv definiert:

- $\emptyset$ ist ein regulärer Ausdruck.

- ε ist ein regulärer Ausdruck.

- Für jedes $a \in \Sigma$ ist a ist ein regulärer Ausdruck.

- Wenn α und β reguläre Ausdrücke sind, dann auch $\alpha\beta$, $(\alpha|\beta)$, sowie $(\alpha)^*$.

Einem regulären Ausdruck γ wird in eindeutiger Weise – induktiv über den Aufbau von γ – eine Sprache zugeordnet, die wir mit $L(\gamma)$ bezeichnen. Es gilt:

- Falls $\gamma = \emptyset$, so ist $L(\gamma) = \emptyset$.

- Falls $\gamma = \varepsilon$, so ist $L(\gamma) = \{\varepsilon\}$.

- Falls $\gamma = a$, so ist $L(\gamma) = \{a\}$.

- Falls $\gamma = \alpha\beta$, so ist $L(\gamma) = L(\alpha)L(\beta)$ (das Produkt von $L(\alpha)$ und $L(\beta)$).

- Falls $\gamma = (\alpha|\beta)$, so ist $L(\gamma) = L(\alpha) \cup L(\beta)$.
- Falls $\gamma = (\alpha)^*$, so ist $L(\gamma) = L(\alpha)^*$.

Beispiel: Durch den regulären Ausdruck

$$(0|(0|1)^*00)$$

wird die weiter oben diskutierte Beispielsprache beschrieben. (Entweder $x = 0$ oder x endet mit 00).

Bemerkung: Alle *endlichen* Sprachen sind durch reguläre Ausdrücke beschreibbar, denn sei $A = \{x_1, x_2, \ldots, x_k\}$ gegeben, so ist $\alpha = (\ldots((x_1|x_2)|x_3)\ldots|x_k)$ ein regulärer Ausdruck für A, also $L(\alpha) = A$.

Satz. (KLEENE)
DIE MENGE DER DURCH REGULÄRE AUSDRÜCKE BESCHREIBBAREN SPRACHEN IST GENAU DIE MENGE DER REGULÄREN SPRACHEN.

Beweis: ($\Rightarrow$) Wir zeigen zunächst: Wenn L durch einen regulären Ausdruck beschreibbar ist, dann gibt es auch einen NFA für L. Sei also $L = L(\gamma)$, wobei γ ein regulärer Ausdruck ist. In den Fällen $\gamma = \emptyset$, $\gamma = \varepsilon$ und $\gamma = a$ ist es klar, dass L durch einen DFA oder NFA beschreibbar ist.

Habe nun γ die Form $\gamma = \alpha\beta$ und seien M_1, M_2 die nach Induktionsvoraussetzung existierenden NFAs für $L(\alpha)$ und $L(\beta)$. Wir schalten nun die beiden Automaten „in Serie" wie folgt und erhalten einen NFA M für L. Dieser Automat M hat dieselben Startzustände wie M_1 und genau die Endzustände von M_2. (Falls $\varepsilon \in L(\alpha) = T(M_1)$, so sind auch die Startzustände von M_2 Startzustände von M). Alle Zustände in M_1, die einen Pfeil zu einem Endzustand von M_1 haben, erhalten zusätzlich genauso beschriftete Pfeile zu den Startzuständen von M_2. Es ist klar, dass $T(M) = T(M_1)T(M_2) = L(\alpha\beta)$.

Wenn γ die Form hat $\gamma = (\alpha|\beta)$ und $M_1 = (Z_1, \Sigma, \delta_1, S_1, E_1)$, $M_2 = (Z_2, \Sigma, \delta_2, S_2, E_2)$, $Z_1 \cap Z_2 = \emptyset$, entsprechende NFAs für $L(\alpha)$ und $L(\beta)$ sind, so bilden wir einfach den „Vereinigungsautomaten"

$$M = (Z_1 \cup Z_2, \Sigma, \delta_1 \cup \delta_2, S_1 \cup S_2, E_1 \cup E_2)$$

der offensichtlich die Sprache L akzeptiert.

Falls $\gamma = (\alpha)^*$, so bilden wir aus dem NFA M für α einen Automaten M' für γ wie folgt.

Falls $\varepsilon \notin T(M)$, so sehe zunächst einen zusätzlichen Zustand vor, der zugleich Start- und Endzustand ist, der keine weitere Verbindung mit dem Rest des Automaten hat. Dieser modifizierte Automat erkennt nun $\{\varepsilon\} \cup L(\alpha)$.

M' entsteht aus (dem evtl. modifizierten) M wie folgt: M' hat dieselben Startzustände, sowie dieselben Endzustände. Ferner erhält jeder Zustandsknoten, der eine (mit a beschriftete) Verbindung zu einem der ursprünglichen Endzustände hat, zusätzlich einen mit a beschrifteten Pfeil zu jedem Startzustand.

Durch diese „Rückkopplung" und das Hinzufügen von ε ist klar, dass gilt: $T(M') = T(M)^* = L((\alpha)^*)$.

($\Leftarrow$) Wir gehen nun von einem DFA M aus und geben einen regulären Ausdruck γ an mit $L(\gamma) = T(M)$. Wir nehmen hierzu an, die Zustände von M sind von 1 an durchnummeriert: $Z = \{z_1, \ldots, z_n\}$, so dass z_1 der Startzustand ist. Für $i, j \in \{1, \ldots, n\}$ und $k \in \{0, 1, \ldots, n\}$ definieren wir nun Sprachen $R_{i,j}^k$ und zeigen, dass diese durch reguläre Ausdrücke beschreibbar sind.

Es ist

$$R_{i,j}^k = \{x \in \Sigma^* \mid \text{die Eingabe } x \text{ überführt den Automaten, gestartet im Zustand } z_i \text{ in den Zustand } z_j \text{ (also } \hat{\delta}(z_i, x) = z_j\text{), so}$$
$$\text{dass keiner der „Zwischenzustände" – außer } z_i \text{ und } z_j \text{ selbst}$$
$$\text{– einen Index größer als } k \text{ hat } \}$$

Für $k = 0$ und $i \neq j$ gilt:

$$R_{i,j}^0 = \{a \in \Sigma \mid \delta(z_i, a) = z_j\}$$

Für $k = 0$ und $i = j$ gilt:

$$R_{i,i}^0 = \{\varepsilon\} \cup \{a \in \Sigma \mid \delta(z_i, a) = z_i\}$$

In diesen Fällen ist $R_{i,j}^k$ endlich und lässt sich daher durch einen regulären Ausdruck beschreiben. Wir fahren nun mit einer Induktion über k fort. Wir beobachten zunächst, dass gilt:

$$R_{i,j}^{k+1} = R_{i,j}^k \cup R_{i,k+1}^k (R_{k+1,k+1}^k)^* R_{k+1,j}^k$$

(Erklärung: Um vom Zustand z_i aus den Zustand z_j zu erreichen, wird entweder der Zwischenzustand z_{k+1} nicht benötigt, dann reicht $R_{i,j}^k$ zur Beschreibung aus; oder der Zustand z_{k+1} wird ein oder mehrfach (in Schleifen) durchlaufen. Dies kann beschrieben werden durch den Ausdruck $R_{i,k+1}^k (R_{k+1,k+1}^k)^* R_{k+1,j}^k$.)

Falls $\alpha_{i,j}^k$ ein regulärer Ausdruck für $R_{i,j}^k$ ist, so lässt sich die obige induktive Formel wie folgt schreiben:

$$\alpha_{i,j}^{k+1} = (\alpha_{i,j}^k | \alpha_{i,k+1}^k (\alpha_{k+1,k+1}^k)^* \alpha_{k+1,j}^k)$$

Mittels dieser regulären Ausdrücke lässt sich die von M akzeptierte Sprache leicht beschreiben, denn es gilt:

$$T(M) = \bigcup_{z_i \in E} R_{1,i}^n$$

Seien also $i_1, i_2, \ldots, i_m$ die Indizes der Endzustände, so ist ein regulärer Ausdruck für $T(M)$ gegeben durch:

$$(\alpha_{1,i_1}^n | \alpha_{1,i_2}^n | \ldots | \alpha_{1,i_m}^n)$$

∎

1.2.4 Das Pumping Lemma

Wir zeigen nun einen wichtigen Satz, der das Haupthilfsmittel darstellt, um von einer Sprache nachzuweisen, dass sie *nicht* regulär ist.

Satz. (Pumping Lemma, Schleifenlemma, Iterationslemma, Lemma von Bar-Hillel, uvw-Theorem)
Sei L eine reguläre Sprache. Dann gibt es eine Zahl n, so dass sich alle Wörter $x \in L$ mit $|x| \geq n$ zerlegen lassen in $x = uvw$, so dass folgende Eigenschaften erfüllt sind:

1. $|v| \geq 1$,

2. $|uv| \leq n$,

3. für alle $i = 0, 1, 2, \ldots$ gilt: $uv^i w \in L$.

Beweis: Da L regulär ist, gibt es einen DFA M, der L akzeptiert.

Wir wählen für n die Zahl der Zustände von M: $n = |Z|$. Sei nun x ein beliebiges Wort der Länge $\geq n$, das der Automat akzeptiert. Beim Abarbeiten von x durchläuft der Automat $|x| + 1$ Zustände (den Startzustand mitgezählt). Da $|x| \geq n$ können diese Zustände nicht alle verschieden sein (Schubfachschluss). Mit anderen Worten, der DFA muss beim Abarbeiten von x eine

Schleife durchlaufen haben. Wir wählen die Zerlegung $x = uvw$ so, dass der Zustand nach Lesen von u und von uv derselbe ist. Es ist klar, dass die Zerlegung so gewählt werden kann, dass die Bedingungen 1 und 2 erfüllt sind. Da die Zustände gleich sind, erreicht der Automat bei Eingabe von uw denselben Endzustand wie bei Lesen von $x = uvw$. Das heißt $uw = uv^0w \in L$. Dasselbe gilt für $uvvw = uv^2w$, $uvvvw = uv^3w$, usw. Daher ist auch die Bedingung 3 erfüllt. ∎

Man beachte, dass durch das Pumping Lemma nicht eine äquivalente Charakterisierung der regulären Sprachen erreicht wird. Es stellt lediglich eine einseitige Implikation dar. Die logische Struktur ist

$$(L\text{ regulär}) \Rightarrow (\exists n)(\forall z \in L, |z| \geq n)(\exists u, v, w)[(z = uvw) \wedge 1 \wedge 2 \wedge 3]$$

Daher ist die typische Anwendung des Pumping Lemmas der Nachweis, dass gewisse Sprachen *nicht* regulär sind. Dies muss allerdings nicht bei jeder nicht-regulären Sprache gelingen! Die folgende nicht-reguläre Sprache über $\{a, b, c\}$ ist ein Beispiel hierfür

$$L = \{c^m a^n b^n \mid m, n \geq 0\} \cup \{a, b\}^*$$

denn sie erfüllt die Behauptung des Pumping-Lemmas: Dies ist klar für Wörter aus $\{a, b\}^*$. Sei $k \geq 1$ die Pumping Lemma Zahl zu L und sei nun $x = c^m a^n b^n$ ein Wort aus L der Länge $\geq k$. Dann ist zum Beispiel $u = \varepsilon$, $v = c$, $w = c^{m-1} a^n b^n$ eine Zerlegung, die die Eigenschaften 1,2,3 besitzt. (Man beachte, dass dies auch für den Fall $m = 1$ gilt).

Grafische Darstellung:

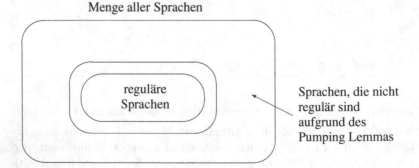

Beispiel 1: Die Sprache

$$L = \{a^n b^n \mid n \geq 1\}$$

ist *nicht* regulär (aber kontextfrei). Dies beweist man mit dem Pumping Lemma so: Angenommen L sei regulär. Dann gibt es eine Zahl n, so dass sich alle Wörter $x \in L$ der Länge $\geq n$ wie im Pumping Lemma beschrieben zerlegen lassen. Betrachten wir speziell das Wort $a^n b^n$ der Länge $2n$. Die entsprechende Zerlegung uvw dieses Wortes ist aufgrund Bedingung 1 so, dass v nicht leer ist, und aufgrund Bedingung 2 kann v nur aus a's bestehen. Aufgrund von Bedingung 3 wäre dann auch das Wort $uw = a^{n-|v|} b^n$ in der Sprache, was im Widerspruch zur Definition von L steht. Daher ist L nicht regulär.

Beispiel 2: Die Sprache

$$L = \{0^m \mid m \text{ ist Quadratzahl}\}$$

ist nicht regulär: Angenommen doch, dann gibt es gemäß Pumping Lemma eine entsprechende Zahl n, so dass sich jedes Wort der Form $0^m, m \geq n$, m Quadratzahl, zerlegen lässt in uvw mit den Eigenschaften 1,2,3. Wähle speziell $x = 0^{n^2}$. Betrachte eine beliebige Zerlegung $x = uvw$, die die Bedingungen 1,2,3 erfüllt. Wegen Bedingung 1 und 2 gilt:

$$1 \leq |v| \leq |uv| \leq n$$

Mit Bedingung 3, $i = 2$, gilt dann:

$$uv^2 w \in L$$

Andererseits gilt die Abschätzung:

$$n^2 = |x| = |uvw| < |uv^2 w| \leq n^2 + n < n^2 + 2n + 1 = (n+1)^2$$

Somit kann die Zahl $|uv^2 w|$ keine Quadratzahl sein, da sie echt zwischen zwei aufeinander folgenden Quadratzahlen liegt. Widerspruch! Also ist gezeigt, dass L nicht regulär ist.

Beispiel 3: Die Sprache

$$L = \{0^p \mid p \text{ ist Primzahl}\}$$

ist nicht regulär.

Sei wieder angenommen, L ist regulär und sei n die entsprechende Pumping-Lemma-Zahl. Da es unendlich viele Primzahlen gibt, gibt es auch eine Primzahl $p \geq n$. Also ist $0^p \in L$. Das Wort 0^p müsste sich nun in uvw zerlegen lassen (also $p = |uvw|$) mit den Bedingungen 1, 2 und 3. Aufgrund Bedingung 3 müssten alle Wörter der Form $uv^i w = 0^{|uw|+i \cdot |v|}$ ebenfalls in L liegen. Das heißt, alle Zahlen der Form $|uw| + i \cdot |v|$ müssten Primzahlen sein. (Man beachte, dass wegen der Bedingung 1 $|v| \geq 1$ gilt). Betrachte nun speziell den Fall $i = p+1$. Dann erhalten wir, dass folgende Zahl eine Primzahl sein muss: $|uw| + (p+1) \cdot |v| = |uvw| + p \cdot |v| = p + p \cdot |v| = p \cdot (1 + |v|)$. Wie diese Darstellung zeigt, lässt sich diese Zahl aber in zwei nicht-triviale Faktoren, nämlich p und $(1 + |v|)$, zerlegen, kann also keine Primzahl sein. Widerspruch! Also kann L nicht regulär sein.

1.2.5   Äquivalenzrelationen und Minimalautomaten

Man kann jeder Sprache L eine Äquivalenzrelation R_L auf Σ^* zuordnen. (Zu Äquivalenzrelationen siehe den mathematischen Anhang).

> **Definition.** Es gilt $x R_L y$ genau dann, wenn für alle Wörter $z \in \Sigma^*$ gilt:
>
> $$xz \in L \Leftrightarrow yz \in L$$

Man verifiziert sofort, dass R_L die Axiome einer Äquivalenzrelation erfüllt. Intuitiv sind zwei Wörter x und y dann äquivalent, wenn sich bei Anfügen von beliebigen z die Wörter xz und yz bzgl. Mitgliedschaft in L gleich verhalten. Da der Fall $z = \varepsilon$ mit eingeschlossen ist, muss also insbesondere auch $x \in L \Leftrightarrow y \in L$ gelten. Entscheidend ist für das Folgende, ob der Index (die Anzahl der erzeugten Äquivalenzklassen) von R_L endlich oder unendlich ist.

Satz. (Myhill, Nerode)
Eine Sprache L ist genau dann regulär, wenn der Index von R_L endlich ist.

Beweis: ($\Rightarrow$) Sei L regulär und sei $M = (Z, \Sigma, \delta, z_0, E)$ ein DFA mit $L = T(M)$. Dann kann man M eine Äquivalenzrelation R_M wie folgt zuordnen: Es gilt $x R_M y$, falls $\hat{\delta}(z_0, x) = \hat{\delta}(z_0, y)$, d.h. falls die Eingaben x und y den Automaten in denselben Zustand überführen. Wir zeigen $R_M \subseteq R_L$, d.h. R_M ist eine *Verfeinerung* von R_L. Es gelte $x R_M y$, also $\hat{\delta}(z_0, x) = \hat{\delta}(z_0, y)$. Sei nun $z \in \Sigma^*$ beliebig. Dann gilt

$$xz \in L \quad \Leftrightarrow \quad \hat{\delta}(z_0, xz) \in E$$

$$\Leftrightarrow \quad \hat{\delta}(\hat{\delta}(z_0, x), z) \in E$$
$$\Leftrightarrow \quad \hat{\delta}(\hat{\delta}(z_0, y), z) \in E$$
$$\Leftrightarrow \quad \hat{\delta}(z_0, yz) \in E$$
$$\Leftrightarrow \quad yz \in L$$

Somit gilt:

$$
\begin{aligned}
Index(R_L) \quad &\leq \quad Index(R_M) \\
&= \quad \text{Anzahl der Zustände, die von } z_0 \text{ aus erreichbar sind} \\
&\leq \quad |Z| \\
&< \quad \infty
\end{aligned}
$$

($\Leftarrow$) Wenn der Index von R_L endlich ist, so gibt es endlich viele Wörter $x_1, x_2, \ldots, x_k$ mit $\Sigma^* = [x_1] \cup [x_2] \cup \cdots \cup [x_k]$. Definiere nun einen DFA, dessen Zustände gerade durch diese Äquivalenzklassen identifiziert werden:

$$M = (Z, \Sigma, \delta, z_0, E)$$

wobei

$$
\begin{aligned}
Z \quad &= \quad \{[x_1], \ldots, [x_k]\} \\
\delta([x], a) \quad &= \quad [xa] \\
z_0 \quad &= \quad [\varepsilon] \\
E \quad &= \quad \{[x] \mid x \in L\}
\end{aligned}
$$

Aus der Definition von δ erhalten wir: $\hat{\delta}([\varepsilon], x) = [x]$. Zusammen mit der Definition von z_0 und E ergibt sich dann

$$
\begin{aligned}
x \in T(M) \quad &\Leftrightarrow \quad \hat{\delta}(z_0, x) \in E \\
&\Leftrightarrow \quad \hat{\delta}([\varepsilon], x) \in E \\
&\Leftrightarrow \quad [x] \in E \\
&\Leftrightarrow \quad x \in L.
\end{aligned}
$$

∎

Beispiel: Betrachten wir noch einmal die nicht-reguläre Sprache

$$L = \{a^n b^n \mid n \geq 1\}$$

und sehen wir uns einige der Äquivalenzklassen von R_L an:

$$[ab] = L$$
$$[a^2b] = \{a^2b, a^3b^2, a^4b^3, \ldots\}$$
$$[a^3b] = \{a^3b, a^4b^2, a^5b^3, \ldots\}$$
$$\vdots$$
$$[a^kb] = \{a^{k+i-1}b^i \mid i \geq 1\}$$
$$\vdots$$

Man erkennt, dass für $i \neq j$ die Wörter a^ib und a^jb nicht äquivalent sind, denn mit $z = b^{i-1}$ gilt: $a^ibz \in L$ und $a^jbz \notin L$. Somit sind $[ab], [a^2b], [a^3b], \ldots$ paarweise verschieden (damit disjunkte) Äquivalenzklassen. Somit ist $Index(R_L) = \infty$ und L ist nicht regulär.

Man beachte, dass es für einen Beweis der Nicht-Regularität nicht unbedingt notwendig ist, die Äquivalenzklassenstruktur von R_L vollständig aufzuklären. Es genügt, unendlich viele nicht-äquivalente Wörter aus Σ^* zu identifizieren, um auf $Index(R_L) = \infty$ zu schließen.

Beispiel: Betrachte die Sprache

$$L = \{x \in \{0,1\}^* \mid x \text{ endet mit } 00\}$$

Es gilt:

$$[\varepsilon] = \{x \mid x \text{ endet nicht mit } 0\}$$
$$[0] = \{x \mid x \text{ endet mit } 0, \text{ aber nicht mit } 00\}$$
$$[00] = \{x \mid x \text{ endet mit } 00\}$$

Dies sind alle Äquivalenzklassen von R_L, also

$$\Sigma^* = [\varepsilon] \cup [0] \cup [00]$$

Der „Äquivalenzklassenautomat", der im obigen Beweis konstruiert wird, hat die drei Zustände $[\varepsilon], [0], [00]$. Es gilt:

$$\delta([\varepsilon], 0) = [0]$$
$$\delta([\varepsilon], 1) = [1] = [\varepsilon]$$
$$\delta([0], 0) = [00]$$
$$\delta([0], 1) = [01] = [\varepsilon]$$
$$\delta([00], 0) = [000] = [00]$$

$$\delta([00], 1) = [001] = [\varepsilon]$$
$$z_0 = [\varepsilon]$$
$$E = \{[00]\}$$

Bildlich dargestellt ist dies der folgende Automat:

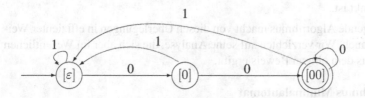

Bemerkung: Der Äquivalenzklassenautomat ist der Automat mit der kleinsten Anzahl von Zuständen, der so genannte *Minimalautomat*, denn aus obigem Beweis ergibt sich, dass für jeden beliebigen Automaten M für die gegebene Sprache L gilt: $R_M \subseteq R_L = R_{M_0}$, wobei M_0 der Äquivalenzklassenautomat ist. Das heißt, die dem Automaten M zugeordnete Äquivalenzrelation R_M ist eine Verfeinerung der Äquivalenzrelation $R_L = R_{M_0}$. Das bedeutet, dass die Zahl der Zustände von M größer oder gleich der von M_0 ist. Außerdem erkennt man, dass es keine zwei strukturell unterschiedlichen Automaten für L mit minimaler Zustandszahl geben kann. Denn wenn M die minimale Zustandszahl besitzt, so müssen R_M und R_L identisch sein. Der Minimalautomat ist also bis auf Isomorphie (d.h. Umbenennen der Zustände) eindeutig bestimmt.

Man beachte, dass diese letzte Aussage für NFA's nicht richtig ist. Es gibt strukturell unterschiedliche NFA's mit minimaler Zustandszahl. Die folgenden beiden nicht-isomorphen NFA's mit 2 Zuständen erkennen beide die Menge aller Wörter, die mit 1 enden (wobei der rechte Automat der minimale DFA ist).

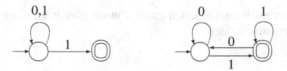

Wie kann man von einem gegebenen DFA feststellen, ob er bereits minimal ist? Aufgrund des obigen Beweises ist ein Automat M mit $T(M) = L$ offensichtlich dann nicht minimal, wenn es zwei verschiedene Zustände z, z' gibt, so dass für alle x gilt:

$$\hat{\delta}(z, x) \in E \Leftrightarrow \hat{\delta}(z', x) \in E.$$

In diesem Fall können die Zustände z und z' zu einem einzigen Zustand „verschmolzen" werden. Ferner überlegt man sich, dass es bei diesen Tests genügt, Wörter x zu betrachten, deren Länge durch die Anzahl der Zustände von M beschränkt ist.

Der folgende Algorithmus macht von diesen Überlegungen in effizienter Weise Gebrauch. Wir verzichten auf seine Analyse, die sich aber im Wesentlichen leicht aus dem obigen Beweis ergibt.

Algorithmus Minimalautomat

Eingabe: ein DFA M (Zustände, die vom Startzustand aus nicht erreichbar sind, sind bereits entfernt).

Ausgabe: Angabe, welche Zustände von M noch zu verschmelzen sind, um den Minimalautomaten zu erhalten.

1. Stelle eine Tabelle aller Zustandspaare $\{z, z'\}$ mit $z \neq z'$ von M auf.

2. Markiere alle Paare $\{z, z'\}$ mit $z \in E$ und $z' \notin E$ (oder umgekehrt).

3. Für jedes noch unmarkierte Paar $\{z, z'\}$ und jedes $a \in \Sigma$ teste, ob

$$\{\delta(z, a), \delta(z', a)\}$$

   bereits markiert ist. Wenn ja: markiere auch $\{z, z'\}$.

4. Wiederhole den letzten Schritt, bis sich keine Änderung in der Tabelle mehr ergibt.

5. Alle jetzt noch unmarkierten Paare können jeweils zu einem Zustand verschmolzen werden.

Bemerkung: Der oben beschriebene Algorithmus hat – geeignet implementiert (siehe Hopcroft/Ullman) – die Zeitkomplexität $O(n^2)$.

Beispiel: Gegeben sei folgender DFA:

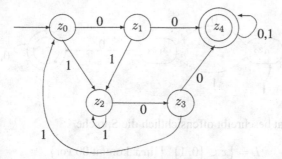

Wir führen nun die Schritte durch: Zunächst eine Tabelle der Zustandspaare anfertigen:

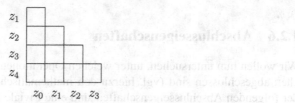

Nächster Schritt: Paare von Endzuständen und Nicht-Endzuständen markieren.

Gemäß Regel 3 weiter markieren ...

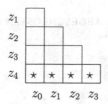

Es können also die Zustände z_0, z_2 und z_1, z_3 in jeweils einen Zustand verschmolzen werden. Der resultierende Minimalautomat:

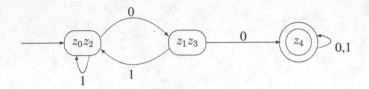

Dieser Automat beschreibt offensichtlich die Sprache

$$L = \{x \in \{0,1\}^* \mid \text{in } x \text{ kommt } 00 \text{ vor}\}$$

Die drei Zustände z_0z_2, z_1z_3 und z_4 entsprechen den Äquivalenzklassen $[\varepsilon]$, $[0]$ und $[00]$.

1.2.6 Abschlusseigenschaften

Wir wollen nun untersuchen, unter welchen Operationen die regulären Sprachen abgeschlossen sind (vgl. hierzu den mathematischen Anhang). Einige der folgenden Abschlusseigenschaften sind eine triviale Konsequenz dessen, dass die regulären Ausdrücke gerade die regulären Sprachen beschreiben.

Satz.
DIE REGULÄREN SPRACHEN SIND ABGESCHLOSSEN UNTER:

- VEREINIGUNG

- SCHNITT

- KOMPLEMENT

- PRODUKT

- STERN

Beweis: Der Abschluss unter Vereinigung, Produkt und Stern-Operation folgt unmittelbar daraus, dass mit zwei durch die regulären Ausdrücke α und β gegebenen regulären Sprachen auch die durch $(\alpha|\beta)$, $\alpha\beta$ und $(\alpha)^*$ bezeichneten Sprachen regulär sind (vgl. Satz von Kleene, S. 29).

Als Nächstes betrachten wir den Abschluss unter Komplementbildung. Sei eine reguläre Sprache A durch ihren DFA $M = (Z, \Sigma, \delta, z_0, E)$ gegeben. Indem wir Endzustände mit Nicht-Endzuständen vertauschen, erhalten wir

$M' = (Z, \Sigma, \delta, z_0, Z - E)$. Es ist klar, dass $T(M') = \overline{A}$, und damit die regulären Sprachen unter Komplement abgeschlossen sind.

Mit dem Abschluss unter Vereinigung und unter Komplement sind die regulären Sprachen vermittels der deMorganschen Regeln auch „automatisch" unter Schnitt abgeschlossen (vgl. den mathematischen Anhang). Wir geben jedoch trotzdem eine direkte – weil interessante – Konstruktion an: Seien $M_1 = (Z_1, \Sigma, \delta_1, z_{01}, E_1)$ und $M_2 = (Z_2, \Sigma, \delta_2, z_{02}, E_2)$ DFAs. Wir konstruieren den „Kreuzproduktautomaten" M aus M_1 und M_2. Dieser akzeptiert gerade die Sprache $T(M_1) \cap T(M_2)$.

$$M = (Z_1 \times Z_2, \Sigma, \delta, (z_{01}, z_{02}), E_1 \times E_2)$$

wobei

$$\delta((z, z'), a) = (\delta_1(z, a), \delta_2(z', a))$$

∎

Bemerkung: Da die regulären Ausdrücke gerade die regulären Sprachen beschreiben, muss es zu jedem regulären Ausdruck α einen Ausdruck β geben, der die Komplementsprache darstellt: $L(\beta) = \overline{L(\alpha)}$. Das heißt, die Komplementbildung ist mittels Vereinigung, Produkt und Sternoperation darstellbar. Die entsprechende Konstruktion (so wie sie hier angegeben ist) ist jedoch sehr aufwändig, da sie die Stufen *regulärer Ausdruck* → *NFA* → *DFA* → *komplementärer DFA* → *regulärer Ausdruck* durchlaufen müsste.

1.2.7 Entscheidbarkeit

Wir wollen einige Fragen bzgl. Entscheidbarkeit bei regulären Sprachen diskutieren.

Das *Wortproblem* (gegeben: x ; gefragt: liegt x in $L(G)$ bzw. $T(M)$) ist, wie bereits gezeigt, für Typ 1,2,3–Grammatiken entscheidbar. Sollte die zu entscheidende reguläre Sprache durch einen DFA gegeben sein, so ist das Wortproblem sogar in linearer Zeit lösbar: Verfolge Zeichen für Zeichen die Zustandsübergänge im Automaten, die durch die Eingabe x hervorgerufen werden. Falls ein Endzustand erreicht wird, liegt x in der Sprache.

Das *Leerheitsproblem* stellt bei gegebenem G (bzw. M) die Frage, ob $L(G) = \emptyset$ (bzw. $T(M) = \emptyset$). Auch dies ist entscheidbar: Sei M ein gegebener DFA (oder NFA) für die Sprache. $T(M)$ ist offensichtlich genau dann leer, wenn es keinen Pfad vom Startzustand (von einem Startzustand) zu einem Endzustand gibt.

Das *Endlichkeitsproblem* stellt bei gegebenem G (bzw. M) die Frage, ob $|L(G)| < \infty$ (bzw. $|T(M)| < \infty$), also ob die definierte Sprache endlich oder unendlich ist.

Sei n die Pumping Lemma Zahl zu L. Es gilt:

$$|L| = \infty \Leftrightarrow \text{ es gibt ein Wort der Länge} \geq n \text{ und } < 2n \text{ in } L$$

Begründung: ($\Leftarrow$) Sei $x \in L$ mit $n \leq |x| < 2n$. Aufgrund des Pumping Lemmas lässt sich x zerlegen in uvw, so dass $\{uv^i w \mid i \geq 0\}$ Teilmenge von L ist. Also ist $|L|$ unendlich.

($\Rightarrow$) Sei $|L| = \infty$ und sei angenommen, das kürzeste Wort $x \in L$ mit Länge $\geq n$ habe Länge $\geq 2n$. Aufgrund des Pumping Lemmas lässt sich x zerlegen in uvw, so dass auch $uv^0 w = uw$ Element von L ist. Da $|v| \leq |uv| \leq n$, hat dieses Wort eine Länge $\geq n$. Dies widerspricht der Minimalität von x. Daher gibt es ein Wort mit Länge zwischen n und $2n$.

Der Entscheidungsalgorithmus für $|L| \overset{?}{<} \infty$ verläuft also so, dass alle Wörter x der Länge $\geq n$ und $< 2n$ auf Mitgliedschaft in L ($\rightarrow$Wortproblem) geprüft werden müssen.

Dieses Argument zeigt also, dass das Endlichkeitsproblem entscheidbar ist, indem das Problem vermittels des Pumping Lemmas auf das Wortproblem zurückgeführt wird. Unter Effizienzaspekten (um die geht es hier aber eigentlich nicht) ist der betreffende Algorithmus jedoch hoffnungslos ineffizient, da exponentiell viele Wörter getestet werden müssen. Es geht aber auch einfacher: Es ist $|T(M)| = \infty$ genau dann, wenn es in dem vom Startzustand erreichbaren Teilgraphen einen Zyklus gibt, und wenn von diesem Zyklus aus ein Endzustand erreicht werden kann. Dies kann durch eine einfache „depth-first" Suche effizient festgestellt werden.

Das *Schnittproblem* stellt bei gegebenen G_1, G_2 (bzw. M_1, M_2) die Frage ob $L(G_1) \cap L(G_2)$ (bzw. $T(M_1) \cap T(M_2)$) leer ist oder nicht.

Da die regulären Sprachen *effektiv* unter Schnitt abgeschlossen sind (d.h. zu gegebenen regulären Grammatiken G_1, G_2 ist algorithmisch eine reguläre Grammatik G erzeugbar mit $L(G) = L(G_1) \cap L(G_2)$), lässt sich die Frage auf das Leerheitsproblem reduzieren und ist damit entscheidbar.

Beim *Äquivalenzproblem* sind zwei reguläre Grammatiken bzw. endliche Automaten gegeben und es ist gefragt, ob diese dieselbe Sprache definieren.

Falls zwei DFAs vorliegen, lässt sich die Frage dadurch beantworten, dass zu jedem der Automaten der Minimalautomat konstruiert wird und diese dann auf Isomorphie verglichen werden.

Eine andere Lösung geht von der Tatsache aus, dass die regulären Sprachen effektiv unter Schnitt, Vereinigung und Komplementbildung abgeschlossen sind. Es gilt

$$L_1 = L_2 \Leftrightarrow (L_1 \cap \overline{L_2}) \cup (L_2 \cap \overline{L_1}) = \emptyset$$

Daher lässt sich das Problem auf die Entscheidbarkeit des Leerheitsproblems zurückführen.

Was die Effizienz des Verfahrens betrifft, so macht es einen großen Unterschied, in welcher Form die reguläre Sprache repräsentiert wird. Der oben angesprochene, auf DFAs basierende Algorithmus kommt mit Komplexität $O(n^2)$ aus. Wenn die regulären Sprachen jedoch als Grammatiken, NFAs oder reguläre Ausdrücke gegeben sind, so ist das Äquivalenzproblem *NP-hart* (vgl. Kapitel über Komplexitätstheorie, Seite 174). Dies bedeutet, dass in diesen Fällen nur Algorithmen exponentieller Laufzeit zur Verfügung stehen.

1.3   Kontextfreie Sprachen

Die regulären Sprachen und die zugehörigen Formalismen, wie endliche Automaten, sind – wie sich gezeigt hat – sehr nützlich. Jedoch sind die Grenzen dieses einfachen Formalismus auch schnell erreicht. Die nächstgrößere Klasse der Chomsky-Hierarchie bilden die kontextfreien Sprachen. Diese sind besonders nützlich, um geklammerte Sprachstrukturen, wie sie insbesondere bei Programmiersprachen auftreten, zu beschreiben.

Typische Beispiele hierzu sind die Grammatiken für die (beliebig geklammerten) arithmetischen Ausdrücke

$$E \rightarrow T \mid E + T, \ T \rightarrow F \mid T * F, \ F \rightarrow a \mid (E)$$

sowie für die Anweisungen (etwa in Modula):

$$
\begin{aligned}
< \text{Anw} > \ &\rightarrow \ < \text{While-Anw} > \mid < \text{If-Anw} > \\
< \text{While-Anw} > \ &\rightarrow \ \text{WHILE} < \text{Bedingung} > \text{DO} < \text{Anw} > END \\
< \text{If-Anw} > \ &\rightarrow \ \text{IF} < \text{Bedingung} > \text{THEN} < \text{Anw} > \text{END} \\
< \text{Bedingung} > \ &\rightarrow \ \ldots
\end{aligned}
$$

Die öffnenden und schließenden Klammerpaare, die hier erkennbar sind, sind (und), DO und END, sowie THEN und END.

Die nicht-reguläre Beispielsprache

$$L = \{a^n b^n \mid n \geq 1\}$$

ist, wie man leicht sieht, kontextfrei:

$$S \to ab|aSb$$

Die Nicht-Regularität dieser Sprache beweist, wie bereits angekündigt, dass die Typ 3–Sprachen *echt* in der Klasse der Typ 2–Sprachen enthalten sind.

1.3.1 Normalformen

Wir untersuchen nun, auf welche möglichst einfachen Formen bei den Regeln von kontextfreien Grammatiken man sich beschränken kann. Das heißt, es geht darum, nachzuweisen, dass jede kontextfreie Grammatik in eine äquivalente solche umgeformt werden kann, so dass alle Regeln eine so genannte Normalform besitzen.

Wir erinnern zunächst daran, dass jede kontextfreie Grammatik „ε-frei" gemacht werden kann (vgl. S. 10). Wir betrachten nun eine weitere allgemeine Umformung, die zum Ziel hat, alle Regeln der Form $A \to B$ zu eliminieren, wobei A, B Variablen sind. Zunächst ist algorithmisch einfach feststellbar, ob es eine Menge von Variablen $B_1, \ldots, B_k$ gibt mit $B_1 \to B_2, \ldots, B_{k-1} \to B_k$ und $B_k \to B_1$. In diesem Fall ersetzen wir die Variablen $B_1, \ldots, B_k$ durch eine einzige Variable B.

Als Nächstes können die Variablen so durchnummeriert werden, $V = \{A_1, A_2, \ldots, A_n\}$, dass aus $A_i \to A_j \in P$ folgt $i < j$. Wir gehen nun *von hinten nach vorne* vor und eliminieren für $k = n - 1, \ldots, 1$ alle Regeln der Form $A_k \to A_{k'}$, $k' > k$. Seien die Regeln mit $A_{k'}$ auf der linken Seite gegeben durch

$$A_{k'} \to x_1|x_2|\ldots|x_k.$$

Wir fügen dann die Regeln

$$A_k \to x_1|x_2|\ldots|x_k$$

hinzu. Diese Umformung leistet offenbar das Gewünschte.

Nach diesen Vorbemerkungen definieren wir nun die wichtigste Normalform, die *Chomsky-Normalform* (kurz: CNF).

> **Definition.** Eine kontextfreie Grammatik G mit $\varepsilon \notin L(G)$ heißt in *Chomsky-Normalform*, falls alle Regeln eine der beiden Formen haben:
>
> $$A \to BC$$

bzw.
$$A \to a$$
Hierbei stehen A, B, C für Variablen und a für ein Terminalsymbol.

Offensichtlich bedeutet dies eine starke Einschränkung für eine kontextfreie Grammatik: Ableitungsbäume für solche Grammatiken sind – bis auf den letzten Ableitungsschritt – *Binärbäume*. Man überlegt sich ferner, dass ein Wort $w \in L(G)$ in genau $2|w| - 1$ Ableitungsschritten erzeugt wird.

Satz.
ZU JEDER KONTEXTFREIEN GRAMMATIK G MIT $\varepsilon \notin L(G)$ GIBT ES EINE CHOMSKY-NORMALFORM-GRAMMATIK G' MIT $L(G) = L(G')$.

Beweis: Nach der oben diskutierten Vorverarbeitung hat jede Regel der gegebenen kontextfreien Grammatik $G = (V, \Sigma, P, S)$ eine der Formen:

$$A \to a \quad (A \in V,\ a \in \Sigma)$$

bzw.

$$A \to x \quad (A \in V,\ x \in (V \cup \Sigma)^*,\ |x| \geq 2)$$

Für jedes Terminalzeichen $a \in \Sigma$ fügen wir eine neue Variable B zu V hinzu, sowie zu P die Regel

$$B \to a$$

hinzu.

Als Nächstes ersetzen wir jedes Terminalzeichen a auf der rechten Seite einer Regel durch die zugehörige, gerade eingeführte Variable B (außer die Regel hat bereits die Form $A \to a$).

Nun haben alle Regeln die Form

$$A \to a$$

oder

$$A \to B_1 B_2 \ldots B_k,\ k \geq 2.$$

Nicht in Chomsky-Normalform sind jetzt nur noch Regeln der Form

$$A \to B_1 B_2 \ldots B_k,\ k \geq 3.$$

Für jede solche Regel führen wir weitere neue Variablen $C_2, \ldots, C_{k-1}$ ein und ersetzen solche Regeln durch

$$
\begin{aligned}
A &\to B_1 C_2 \\
C_2 &\to B_2 C_3 \\
&\;\;\vdots \\
C_{k-1} &\to B_{k-1} B_k
\end{aligned}
$$

∎

Ein Beispiel für die Umformung in CNF findet sich – im Zusammenhang mit dem CYK-Algorithmus – auf Seite 58.

Wir geben noch eine weitere Normalform für kontextfreie Grammatiken an, die so genannte *Greibach-Normalform* (kurz: GNF).

> **Definition.** Eine kontextfreie Grammatik G mit $\varepsilon \notin L(G)$ heißt in *Greibach-Normalform*, falls alle Regeln die Form haben:
>
> $$A \to a B_1 B_2 \ldots B_k \quad (k \geq 0)$$
>
> Hierbei stehen $A, B_1, \ldots, B_k$ für Variablen und a für ein Terminalsymbol.

Die Greibach-Normalform ist eine natürliche Erweiterung der regulären Grammatik, dort wäre nur der Fall $k = 0$ und $k = 1$ zugelassen.

Satz.
ZU JEDER KONTEXTFREIEN GRAMMATIK G MIT $\varepsilon \notin L(G)$ GIBT ES EINE GREIBACH-NORMALFORM GRAMMATIK G' MIT $L(G) = L(G')$.

Beweis: Wir beginnen mit einer Vorüberlegung, welche bei der Umformung in Greibach-Normalform benötigt wird. Wenn eine kontextfreie Grammatik für die Variable A die folgenden (links-rekursiven) Regeln

$$A \to A\alpha_1 \mid \ldots \mid A\alpha_k \mid \beta_1 \mid \ldots \mid \beta_l$$

besitzt, so können durch diese Regeln offensichtlich genau die Wörter abgeleitet werden, die sich durch den regulären Ausdruck

$$(\beta_1 \mid \ldots \mid \beta_l)(\alpha_1 \mid \ldots \mid \alpha_k)^*$$

beschreiben lassen. Diese Wörter lassen sich ebenso ableiten durch die folgenden (rechts-rekursiven) Regeln:

$$A \to \beta_1 \mid \ldots \mid \beta_l$$
$$A \to \beta_1 B \mid \ldots \mid \beta_l B$$
$$B \to \alpha_1 \mid \ldots \mid \alpha_k$$
$$B \to \alpha_1 B \mid \ldots \mid \alpha_k B$$

wobei B eine neue Variable ist.

Die Herstellung der Greibach-Normalform geschieht nun so, dass wir zunächst von einer kontextfreien Grammatik in Chomsky-Normalform ausgehen. Die vorkommenden Variablen werden durchnummeriert, sagen wir $A_1, \ldots, A_m$. Das erste Ziel ist es nun, die Regeln so zu modifizieren, dass für jede Regel der Form $A_i \to A_j \alpha$ gilt $i < j$. Dies wird durch das folgende Programm erreicht:

```
FOR i := 1 TO m DO
    FOR j := 1 TO i − 1 DO
        FOR all A_i → A_j α ∈ P DO
            Seien A_j → β_1 | ... | β_n alle A_j-Regeln
            Füge hinzu: A_i → β_1 α | ... | β_n α
            Streiche: A_i → A_j α
        END {FOR};
    END {FOR};
    IF es gibt Regeln der Form A_i → A_i α THEN
        Wende die Umformung in der Vorüberlegung an,
        wobei eine neue Variable B_i eingeführt wird.
    END {IF};
END {FOR}
```

Nun gilt für alle Regeln der Form $A_i \to A_j \alpha$, dass $i < j$. Ferner ist die Beobachtung wichtig, dass jetzt alle A_m-Regeln auf der rechten Seite mit einem Terminalzeichen beginnen. Indem wir bei A_{m-1} beginnend, von hinten nach vorne, entsprechende Ersetzungen durchführen, können wir erreichen, dass alle A_i-Regeln auf der rechten Seite mit einem Terminalzeichen beginnen. Dies führt der folgende Algorithmus aus.

```
FOR i := m − 1 DOWNTO 1 DO
    FOR all A_i → A_j α ∈ P, j > i, DO
        Seien A_j → β_1 | ... | β_n alle A_j-Regeln
        Füge hinzu: A_i → β_1 α | ... | β_n α
        Streiche: A_i → A_j α
    END {FOR};
END {FOR};
```

Nun sind alle A_i-Regeln in Greibach-Normalform. Lediglich die im ersten Algorithmus evtl. eingeführten neuen Regeln für die B_i-Variablen sind noch nicht in der richtigen Form. Angenommen $B_i \to A_j \alpha$ ist eine solche Regel. Seien $A_j \to \beta | \ldots | \beta_k$ alle A_j-Regeln, welche ja bereits in GNF sind. Wir ersetzen nun die Regel $B_i \to A_j \alpha$ einfach durch $B_i \to \beta_1 \alpha | \ldots | \beta_k \alpha$ und erhalten so schließlich eine äquivalente Grammatik in Greibach-Normalform. ∎

Beispiel: Gegeben sei die CNF-Grammatik

$$A_1 \to A_2 A_3$$
$$A_2 \to A_3 A_1 \mid b$$
$$A_3 \to A_1 A_2 \mid a$$

Im Verlauf des ersten Algorithmus' ist bei den A_1 und A_2-Regeln nichts zu tun. Was die Regel $A_3 \to A_1 A_2$ betrifft, so wird diese in der j-Schleife zunächst (bei $j = 1$) durch $A_3 \to A_2 A_3 A_2$ ersetzt, und dann (bei $j = 2$) durch $A_3 \to A_3 A_1 A_3 A_2 \mid b A_3 A_2$. Schließlich verbleibt noch die links-rekursive Regel $A_3 \to A_3 A_1 A_3 A_2$ zu eliminieren. Hierzu wird eine neue Variable B_3 eingeführt und das Ergebnis nach dem ersten Algorithmus ist dann

$$A_1 \to A_2 A_3$$
$$A_2 \to A_3 A_1 \mid b$$
$$A_3 \to b A_3 A_2 B_3 \mid a B_3 \mid b A_3 A_2 \mid a$$
$$B_3 \to A_1 A_3 A_2 \mid A_1 A_3 A_2 B_3$$

Die A_3-Regeln starten auf der rechten Seite nun tatsächlich alle mit einem Terminalzeichen. Im Verlauf des zweiten Algorithmus werden die A_3-Regeln dann sukzessive in die darüber stehenden Regeln eingesetzt. Das Ergebnis ist folgende Regelmenge.

$$A_1 \to b A_3 A_2 B_3 A_1 A_3 \mid a B_3 A_1 A_3 \mid b A_3 A_2 A_1 A_3 \mid a A_1 A_3 \mid b A_3$$
$$A_2 \to b A_3 A_2 B_3 A_1 \mid a B_3 A_1 \mid b A_3 A_2 A_1 \mid a A_1 \mid b$$
$$A_3 \to b A_3 A_2 B_3 \mid a B_3 \mid b A_3 A_2 \mid a$$
$$B_3 \to A_1 A_3 A_2 \mid A_1 A_3 A_2 B_3$$

Zuletzt werden die beiden B_3-Regeln in die richtige Form gebracht, indem man die rechten Seiten der A_1-Regeln einsetzt. Dies ergibt dann 10 Regeln für B_3. Das Endergebnis ist:

$$A_1 \rightarrow bA_3A_2B_3A_1A_3 \mid aB_3A_1A_3 \mid bA_3A_2A_1A_3 \mid aA_1A_3 \mid bA_3$$
$$A_2 \rightarrow bA_3A_2B_3A_1 \mid aB_3A_1 \mid bA_3A_2A_1 \mid aA_1 \mid b$$
$$A_3 \rightarrow bA_3A_2B_3 \mid aB_3 \mid bA_3A_2 \mid a$$
$$B_3 \rightarrow bA_3A_2B_3A_1A_3A_3A_2 \mid aB_3A_1A_3A_3A_2 \mid$$
$$bA_3A_2A_1A_3A_3A_2 \mid aA_1A_3A_3A_2 \mid$$
$$bA_3A_3A_2 \mid bA_3A_2B_3A_1A_3A_3A_2B_3 \mid$$
$$aB_3A_1A_3A_3A_2B_3 \mid bA_3A_2A_1A_3A_3A_2B_3 \mid$$
$$aA_1A_3A_3A_2B_3 \mid bA_3A_3A_2B_3$$

Wir bemerken abschließend noch, dass man jede kontextfreie Grammatik so in Greibach-Normalform umformen kann, dass auf der rechten Seite der Regeln nicht mehr als 2 Variablen vorkommen.

1.3.2 Das Pumping Lemma

Wir beweisen nun in völliger Analogie zum Pumping Lemma für reguläre Sprachen eine entsprechende Version für kontextfreie Sprachen. Das Pumping Lemma stellt das Haupthilfsmittel dar, um von einer Sprache nachzuweisen, dass sie *nicht* kontextfrei ist.

Satz. (PUMPING LEMMA, $uvwxy$-THEOREM)
SEI L EINE KONTEXTFREIE SPRACHE. DANN GIBT ES EINE ZAHL $n \in \mathbb{N}$, SO DASS SICH ALLE WÖRTER $z \in L$ MIT $|z| \geq n$ ZERLEGEN LASSEN IN $z = uvwxy$ MIT FOLGENDEN EIGENSCHAFTEN:

1. $|vx| \geq 1$

2. $|vwx| \leq n$

3. FÜR ALLE $i \geq 0$ GILT: $uv^iwx^iy \in L$

Beweis: Sei G eine Grammatik für $L - \{\varepsilon\}$ in Chomsky-Normalform. Sei k die Anzahl der Variablen in G. Wähle $n = 2^k$. Betrachte nun den Ableitungsbaum eines beliebigen Wortes $z \in L(G)$ mit $|z| \geq n$. Dieser ist – bis auf den letzten Ableitungsschritt – ein Binärbaum:

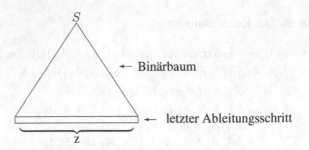

Dieser Binärbaum hat $\geq 2^k$ Blätter. Daher muss mindestens ein Pfad der Länge $\geq k$ existieren (siehe separates, nächstes Lemma).

Halte einen solchen Pfad maximaler Länge fest:

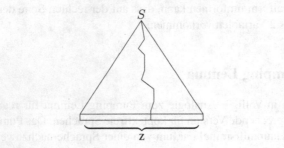

Einschließlich der Startvariablen befinden sich auf diesem Pfad $\geq k + 1$ Variablen. Da die Grammatik nur k Variablen besitzt, muss mindestens eine Variable doppelt vorkommen (Schubfachschluss):

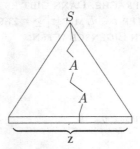

Um ein solches Doppelvorkommen einer Variablen A zu bestimmen, gehen wir hier immer *von unten nach oben* vor, bis eine Variable zum zweiten Mal auf dem Pfad erscheint. Dieses Vorgehen garantiert, dass das obere der beiden A's höchstens k Schritte von der Blattebene entfernt ist.

Betrachten wir nun die Teilwörter, die aus den beiden A's abgeleitet werden können. Diese induzieren eine Zerlegung von z in Teilwörter $uvwxy$ wie folgt:

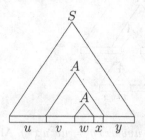

Aus der Tatsache, dass das obere A wegen der Chomsky-Normalform zunächst mittels einer Regel der Form $A \to BC$ weiter abgeleitet wird, folgt dass v oder x (oder beide) nicht leer ist. Entweder geht v aus B hervor oder x aus C. Damit ist Eigenschaft 1 der $uvwxy$-Zerlegung von z bestätigt.

Die Eigenschaft 2 ergibt sich daraus, dass der Abstand des oberen A's von der Blattebene höchstens k ist (siehe oben). Deshalb kann das vom oberen A abgeleitete Wort vwx höchstens die Länge $2^k = n$ haben (vgl. nach folgendes Lemma).

Die Ableitungsfolge (bzw. der Ableitungsbaum) für z kann aufgrund des Doppelvorkommens der Variablen A auf verschiedene Arten modifiziert werden. Zum Beispiel kann an das obere A der Ableitungsbaum des unteren A gehängt werden. Wir erhalten damit eine Ableitung von $uwy = uv^0wx^0y$. Das heißt, $uv^0wx^0y \in L(G)$.

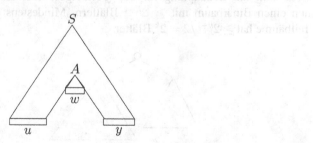

Man kann auch an das untere A den Teilbaum, der am oberen A beginnt, hängen:

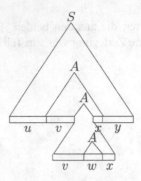

Dies ergibt eine Ableitung von $uvvwxxy = uv^2wx^2y$. Allgemein gilt, dass für jedes $i \geq 0$ uv^iwx^iy in $L(G)$ liegt. Damit ist die Eigenschaft 3 bewiesen. ∎

Das folgende Lemma wird im Beweis des Pumping Lemmas benötigt:

Lemma. Sei B ein Binärbaum (gemeint ist: jeder Knoten in B hat entweder 0 oder 2 Söhne) mit $\geq 2^k$ Blättern.

Dann hat B mindestens einen Pfad der Länge $\geq k$.

Beweis: Induktion über k: Jeder Binärbaum mit mindestens $2^0 = 1$ Blättern hat trivialerweise mindestens einen Pfad der Länge 0.

Gelte nun die Behauptung für ein (beliebiges, aber festes) k. Betrachte nun einen Binärbaum mit $\geq 2^{k+1}$ Blättern. Mindestens einer seiner zwei Teilbäume hat $\geq 2^{k+1}/2 = 2^k$ Blätter.

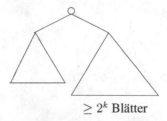

$\geq 2^k$ Blätter

Somit existiert in diesem Unterbaum ein Pfad der Länge $\geq k$. Dieser Pfad kann zur Wurzel des Gesamtbaumes um 1 verlängert werden und liefert somit einen Pfad der gewünschten Länge $\geq k + 1$. ∎

Es gelten sinngemäß dieselben Bemerkungen über die einseitige Implikation des Pumping Lemmas wie bei den regulären Sprachen:

$$(L \text{ kontextfrei}) \implies (\exists n \in I\!N)(\forall z \in L, |z| \geq n)(\exists u, v, w, x, y)$$
$$[(z = uvwxy) \wedge 1 \wedge 2 \wedge 3]$$

Beispiel: Die Sprache

$$L = \{a^m b^m c^m \mid m \geq 1\}$$

ist nicht kontextfrei (aber kontextsensitiv).

Angenommen L sei kontextfrei. Dann liefert uns das Pumping Lemma eine Zahl n, so dass sich alle Wörter $z = a^m b^m c^m$ mit $|z| \geq n$ zerlegen lassen in $uvwxy$ mit den Eigenschaften 1,2,3. Wähle etwa $z = a^n b^n c^n$. Dann ist $|z| = 3n \geq n$. Wegen Eigenschaft 2 kann vx nicht aus a's, b's *und* c's bestehen. (Wegen der Längenbeschränkung von vwx kann sich dieses Wort nicht über den gesamten Bereich der b's hinweg erstrecken).

Wegen Eigenschaft 1 ist vx nicht leer, und wegen Eigenschaft 3 (mit $i = 0$) muss $uv^0 wx^0 y = uwy$ in L liegen. Wegen der obigen Diskussion kann uwy also nicht die Form $a^m b^m c^m$ haben. Dieser Widerspruch beweist, dass L nicht kontextfrei ist.

Dass L kontextsensitiv ist, wurde schon im einführenden Kapitel gezeigt (Seite 7). Damit sind die kontextfreien Sprachen tatsächlich *echt* in den kontextsensitiven Sprachen enthalten.

Weitere *Beispiele:* Die Sprachen

$$\{0^p \mid p \text{ ist Primzahl}\}$$

und

$$\{0^n \mid n \text{ ist Quadratzahl}\}$$

sind nicht kontextfrei. Da hier nur Wörter über dem einelementigen Alphabet $\{0\}$ vorkommen, spielt es in der Aussage des Pumping Lemmas keine Rolle, an welcher Position im Wort z die Teilwörter v und x vorkommen. Daher können diese zusammengefasst werden und in diesem Fall sind die Behauptungen des Pumping Lemmas für kontextfreie Sprachen und des Pumping Lemmas für reguläre Sprachen identisch. Wir haben bereits den Nachweis geführt, dass die obigen Sprachen aufgrund des Pumping Lemmas für reguläre Sprachen nicht regulär sind. Daher können diese Sprachen auch nicht kontextfrei sein.

Tatsächlich gilt sogar der folgende Satz:

Satz.
JEDE KONTEXTFREIE SPRACHE ÜBER EINEM EINELEMENTIGEN AL-
PHABET IST BEREITS REGULÄR.

Beweis: Sei n die Pumping Lemma Zahl zu L. Jedes Wort $z \in L$ der Länge $\geq$
n lässt sich zerlegen in $uvwxy$ mit den Eigenschaften 1,2,3. Da $L \subseteq \{a\}^*$ für
ein Zeichen a gilt, können diese Eigenschaften einfacher formuliert werden:
Es gilt $z = a^m = a^k a^l$, wobei $m \geq n$, $k + l = m$, $1 \leq l \leq n$, und $a^k a^{il} \in L$
für $i = 0, 1, 2, \ldots$. Für jedes $z \in L$, $|z| \geq n$, gibt es also derartige Zahlen
k und l. Da $l \leq n$ kommen für die Wörter $z \in L$, $|z| \geq n$, insgesamt nur
endlich viele l-Werte vor, sagen wir $l_1, l_2, \ldots, l_p$. Sei $q \geq n$ eine Zahl, die von
allen l_i geteilt wird (etwa $q = n!$); und sei $q' \geq q$ eine „geeignet gewählte"
Zahl, die wir noch später bestimmen. Betrachte die Sprache

$$L' = \{x \in L \mid |x| < q\} \cup \{a^r a^{iq} \mid q \leq r \leq q', \, a^r \in L, \, i = 0, 1, 2, \ldots\}$$

Dann ist L' sicherlich regulär, und es ist klar, dass $L' \subseteq L$ gilt. Wir zeigen,
wenn q' genügend groß ist, dann gilt auch $L \subseteq L'$. Bis zu Wörtern der Länge
$< q$ stimmen L und L' überein. Sei nun $z = a^m \in L$, $m \geq q$. Das Wort z
liegt in L', falls es ein Wort a^r in L gibt mit $q \leq r \leq q'$ und $r \equiv m$ (mod
q). Damit ist nun alles klar: Wir wählen q' so groß, dass die Wörter in L mit
den Längen $q, \ldots, q'$ alle möglichen Reste modulo q bilden, die unter allen
Wörtern in L (der Länge $\geq q$) überhaupt auftreten. Da es nur endlich viele
solche Reste gibt, gibt es eine solche endliche Zahl q'.   ■

1.3.3 Abschlusseigenschaften

Wir wollen nun untersuchen, unter welchen Operationen die kontextfreien
Sprachen abgeschlossen sind (vgl. hierzu den mathematischen Anhang).

Satz.

DIE KONTEXTFREIEN SPRACHEN SIND ABGESCHLOSSEN UNTER:

- VEREINIGUNG

- PRODUKT

- STERN

DIE KONTEXTFREIEN SPRACHEN SIND NICHT ABGESCHLOSSEN UNTER:

- SCHNITT

- KOMPLEMENT

Beweis: Der Abschluss unter Vereinigung ist trivial: Falls $G_1 = (V_1, \Sigma, P_1, S_1)$ und $G_2 = (V_2, \Sigma, P_2, S_2)$, $V_1 \cap V_2 = \emptyset$ kontexfreie Grammatiken sind, so ist $G = (V_1 \cup V_2 \cup \{S\}, \Sigma, P_1 \cup P_2 \cup \{S \to S_1 | S_2\}, S)$ eine kontextfreie Grammatik für die Vereinigungsmenge.

Abschluss unter Produkt: Falls $G_1 = (V_1, \Sigma, P_1, S_1)$ und $G_2 = (V_2, \Sigma, P_2, S_2)$, $V_1 \cap V_2 = \emptyset$ kontexfreie Grammatiken sind, so ist $G = (V_1 \cup V_2 \cup \{S\}, \Sigma, P_1 \cup P_2 \cup \{S \to S_1 S_2\}, S)$ eine kontextfreie Grammatik für das Produkt.

Abschluss unter Sternoperation: Falls $G_1 = (V_1, \Sigma, P_1, S_1)$ eine kontexfreie Grammatik ist (bei der o.B.d.A. S_1 auf keiner rechten Seite vorkommt), so ist

$$G = (V_1 \cup \{S\}, \Sigma, P_1 \cup \{S \to \varepsilon, S \to S_1, \ S_1 \to S_1 S_1\} - \{S_1 \to \varepsilon\}, \ S)$$

eine kontextfreie Grammatik für die reflexive und transitive Hülle von $L(G_1)$.

Die kontextfreien Sprachen sind nicht unter Schnitt abgeschlossen. Die Sprachen

$$L_1 = \{a^i b^j c^j \mid i, j > 0\}$$

und

$$L_2 = \{a^i b^i c^j \mid i, j > 0\}$$

sind beide kontextfrei. (Zum Beispiel kann L_1 durch die Grammatik $S \to AB$, $A \to a|aA$, $B \to bc|bBc$ dargestellt werden). Der Schnitt von L_1 und L_2 ist jedoch die Sprache

$$\{a^i b^i c^i \mid i > 0\}$$

die bekanntermaßen nicht kontextfrei ist (vgl. Seite 53).

Deshalb können die kontextfreien Sprachen auch nicht unter Komplement abgeschlossen sein. Wenn sie es doch wären, so ließe sich der Abschluss unter Schnitt (unter Zuhilfenahme des Vereinigungsabschlusses und unter Verwendung der deMorganschen Regeln) herleiten, da

$$L_1 \cap L_2 = \overline{\overline{L_1} \cup \overline{L_2}}$$

gilt.   ■

1.3.4   Der CYK-Algorithmus

Wir wissen, dass das Wortproblem für (Typ 1,2,3)–Grammatiken entscheidbar ist. Der entsprechende Algorithmus (vgl. Seite 13) hat allerdings – wegen seiner Allgemeinheit – exponentiellen Aufwand.

Wir werden nun einen wesentlich effizienteren Algorithmus für kontextfreie Sprachen kennenlernen – sofern diese durch Grammatiken in *Chomsky-Normalform* gegeben sind. Dieser Algorithmus ist nach den Anfangsbuchstaben seiner drei Erfinder *Cocke, Younger* und *Kasami* benannt.

Wenn ein Wort $x = a$ der Länge 1 abgeleitet werden kann, so ist dies nur aufgrund einer Regel der Form $A \rightarrow a$ möglich. Gilt aber $x = a_1 a_2 \ldots a_n$ mit $n \geq 2$, dann kann x aus einer Variablen A nur deshalb ableitbar sein, weil zunächst eine Regel der Form $A \rightarrow BC$ angewandt worden ist. Von B aus wird dann ein gewisses Anfangsstück von x abgeleitet und von C aus das Endstück. Es muss also ein k mit $1 \leq k < n$ geben, so dass gilt:

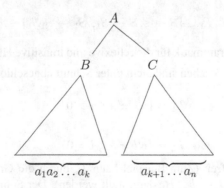

Damit ist es möglich, das Wortproblem für x mit Länge n auf zwei entsprechende Entscheidungen für Wörter der Länge k und $n - k$ zurückzuführen. Hierbei steht k jedoch nicht fest; es müssen alle Werte von 1 bis $n - 1$ in Betracht gezogen werden. Dies legt die Methode des *dynamischen Programmierens* nahe: Beginnend mit der Länge 1 untersuchen wir systematisch alle Teilwörter von x auf ihre eventuelle Ableitbarkeit aus einer Variablen der Grammatik. Alle diese Informationen legen wir in einer Tabelle ab. Wenn nun ein Teilwort der Länge $m \leq n$ untersucht werden soll, so stehen die Informationen über alle kürzeren Teilwörter bereits vollständig zur Verfügung.

Die folgende Notation erweist sich als nützlich: Für ein Wort x bezeichnet $x_{i,j}$ dasjenige Teilwort von x, das an Position i beginnt und Länge j hat. Mit dieser Notation sieht das obige Bild folgendermaßen aus:

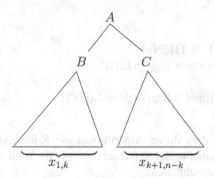

Der folgende Algorithmus verwendet eine Tabelle $T[1..n, 1..n]$, wobei aber nicht alle Matrixelemente benötigt werden, sondern nur eine Dreiecksmatrix: Für $j = 1, \ldots, n$ und für $i = 1, \ldots, n + 1 - j$ wird in $T[i, j]$ notiert, aus welchen Variablen das Wort $x_{i,j}$ abgeleitet werden kann.

Das Eingabewort $x = a_1 \ldots a_n$ ist in $L(G)$, falls sich schließlich $S \in T[1, n]$ ergibt.

CYK-Algorithmus

Eingabe: $x = a_1 a_2 \ldots a_n$

FOR $i := 1$ TO n DO ($*$ Fall $j = 1$ $*$)
$\quad T[i,1] := \{A \in V \mid A \to a_i \in P\}$
END;
FOR $j := 2$ TO n DO ($*$ Fall $j > 1$ $*$)
$\quad$ FOR $i := 1$ TO $n + 1 - j$ DO
$\quad\quad T[i,j] := \emptyset$;
$\quad\quad$ FOR $k := 1$ TO $j - 1$ DO
$\quad\quad\quad T[i,j] := T[i,j] \cup \{A \in V \mid A \to BC \in P$
$\quad\quad\quad\quad \wedge B \in T[i,k] \wedge C \in T[i+k, j-k]\}$
$\quad\quad$ END;
$\quad$ END;
END;
IF $S \in T[1,n]$ THEN
$\quad$ WriteString('x liegt in L(G)')
ELSE
$\quad$ WriteString('x liegt nicht in L(G)')
END

Es ist offensichtlich, dass dieser Algorithmus die Komplexität $O(n^3)$ hat, denn er besteht aus 3 ineinander verschachtelten FOR-Schleifen, die jeweils $O(n)$ viele Elemente durchlaufen.

Beispiel: Die Sprache

$$L = \{a^n b^n c^m \mid n, m \geq 1\}$$

ist kontextfrei:

$$
\begin{aligned}
S &\to AB \\
A &\to ab \mid aAb \\
B &\to c \mid cB
\end{aligned}
$$

Umformen in CNF ergibt:

$$
\begin{aligned}
S &\to AB \\
A &\to CD \mid CF \\
B &\to c \mid EB \\
C &\to a
\end{aligned}
$$

$$D \rightarrow b$$
$$E \rightarrow c$$
$$F \rightarrow AD$$

Sei $x = aaabbbcc$. Dann erzeugt der Algorithmus die folgende Tabelle:

	$i \rightarrow$							
$x =$	a	a	a	b	b	b	c	c
j	C	C	C	D	D	D	E, B	E, B
$\downarrow$			A				B	
			F					
		A						
		F						
	A							
	S							
	S							

Da S im untersten Kästchen vorkommt, liegt x in der Sprache.

1.3.5 Kellerautomaten

Wir wollen nun das Modell des endlichen Automaten so erweitern, dass dieses neue Automatenmodell genau die kontextfreien Sprachen erkennt. Den endlichen Automaten mangelte es an irgendeiner Form eines *Speichers*. Intuitiv kann ein endlicher Automat eine Sprache wie

$$L = \{a_1 a_2 \ldots a_n \$ a_n \ldots a_2 a_1 \mid a_i \in \Sigma\}$$

deshalb nicht erkennen, weil er zum Zeitpunkt, wenn er das Eingabezeichen $\$$ erreicht, nicht mehr „wissen" kann, was $a_1 a_2 \ldots a_n$ war. Die einzige „gespeicherte Information", die ihm zur Verfügung steht, ist der Zustand, in dem er sich befindet (und davon gibt es nur endlich viele).

Beim Kellerautomaten wird das NFA-Modell um einen Speicher erweitert, auf den jedoch nur in der Art eines *Kellers*, eines *pushdown*-Speichers zugegriffen werden kann. (Man beachte, ein Kellerautomat ist nach Definition zunächst *nichtdeterministisch*).

Die möglichen Aktionen eines Kellerautomaten hängen jetzt nicht nur vom Zustand und gelesenen Eingabezeichen ab, sondern auch vom Kellerinhalt (bzw. dem zur Zeit obersten Kellerzeichen). In jedem „Rechenschritt" kann sich nicht nur der Zustand, sondern auch der Inhalt des Kellers verändern.

Skizze:

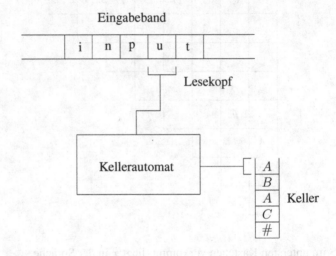

Definition. Ein *(nichtdeterministischer) Kellerautomat* (engl.: *pushdown automaton*, kurz: PDA) wird angegeben durch ein 6-Tupel

$$M = (Z, \Sigma, \Gamma, \delta, z_0, \#)$$

Hierbei sind:

- Z die endliche Menge der *Zustände*

- Σ das *Eingabealphabet*

- Γ das *Kelleralphabet*

- $\delta : Z \times (\Sigma \cup \{\varepsilon\}) \times \Gamma \longrightarrow \mathcal{P}_e(Z \times \Gamma^*)$ die *Überführungsfunktion*

(Hierbei bedeutet $\mathcal{P}_e$ die Menge aller *endlichen* Teilmengen)

- $z_0 \in Z$ der *Startzustand*
- $\# \in \Gamma$ das *unterste Kellerzeichen*

Intuitiv bedeutet

$$\delta(z, a, A) \ni (z', B_1 \ldots B_k)$$

Folgendes: Wenn sich M im Zustand z befindet, das Eingabezeichen a liest, und A das oberste Kellerzeichen ist, so *kann* M im nächsten Schritt in den Zustand z' übergehen und das oberste Kellerzeichen A durch die Zeichen $B_1 \ldots B_k$ ersetzen. (Danach ist B_1 das oberste Kellerzeichen).

Man beachte, dass dies den Fall miteinschließt, dass A entfernt wird (die POP-Operation), wenn $k = 0$ gewählt wird. Es ist zum Beispiel auch möglich, dass, ohne A zu verändern, ein weiteres Zeichen B in den Keller „gePUSHt" wird ($B_1 \ldots B_k = BA$).

In der Definition von δ ist auch zugelassen, dass an der Stelle eines Eingabezeichens $a \in \Sigma$ das leere Wort ε steht. In diesem Fall findet ein so genannter *spontaner Übergang*, ohne Lesen eines Eingabezeichens, statt.

Intuitiv bedeutet

$$\delta(z, \varepsilon, A) \ni (z', B_1 \ldots B_k)$$

Folgendes: Wenn sich M im Zustand z befindet und A das oberste Kellerzeichen ist, so *kann* M im nächsten Schritt – ohne Lesen eines Eingabezeichens – in den Zustand z' übergehen und das oberste Kellerzeichen A durch die Zeichen $B_1 \ldots B_k$ ersetzen. (Danach ist B_1 das oberste Kellerzeichen).

Was das Akzeptieren eines Eingabewortes betrifft, so weichen wir beim PDA insofern vom endlichen Automaten ab, dass es keine Endzustände gibt. Stattdessen werden akzeptierte Wörter dadurch charakterisiert, dass der Keller nach Abarbeiten eines solchen Wortes leer ist. (Zu Beginn jeder Rechnung steht immer das Zeichen $\#$ im Keller).

Tatsächlich kann man zeigen, dass diese Form des *Akzeptierens durch leeren Keller* mit der des *Akzeptierens durch Endzustand* gleichwertig sind. Für das Folgende ist das Akzeptieren durch leeren Keller jedoch die praktischere Version.

Wir haben – im Unterschied zu NFAs – aus Einfachheitsgründen nur einen einzigen Startzustand in der Definition zugelassen. Dies ist keine echte Einschränkung, da mittels spontaner Übergänge von z_0 aus jeder mögliche „eigentliche" Startzustand, ohne Lesen eines Eingabezeichens, erreichbar ist.

Definition. Eine *Konfiguration* k eines Kellerautomaten ist gegeben durch ein Tripel $k \in Z \times \Sigma^* \times \Gamma^*$.

(Die Idee hierbei ist, dass durch ein Konfigurationstripel eindeutig eine „Momentaufnahme" des Kellerautomaten beschrieben wird; und zwar durch Angabe des momentanen Zustands, des noch zu lesenden Teils der Eingabe und des aktuellen Kellerinhalts – das oberste Kellerzeichen hierbei ganz links stehend).

Auf der Menge aller Konfigurationen definieren wir eine zweistellige Relation $\vdash$ wie folgt. Informal gesprochen soll $k \vdash k'$ genau dann gelten, wenn die Konfiguration k' aus k in einem „Rechenschritt" (=eine Anwendung der δ-Funktion) hervorgeht. Formal ausgedrückt:

$$(z, a_1 \ldots a_n, A_1 \ldots A_m) \vdash$$

$$\begin{cases} (z', a_2 \ldots a_n, B_1 \ldots B_k A_2 \ldots A_m), \\ \quad \text{falls } \delta(z, a_1, A_1) \ni (z', B_1 \ldots B_k) \\ (z', a_1 a_2 \ldots a_n, B_1 \ldots B_k A_2 \ldots A_m) \\ \quad \text{falls } \delta(z, \varepsilon, A_1) \ni (z', B_1 \ldots B_k) \end{cases}$$

Sei $\vdash^*$ die reflexive und transitive Hülle von $\vdash$ (siehe mathematischen Anhang). Die durch einen Kellerautomaten M *(durch leeren Keller) akzeptierte Sprache* ist

$$N(M) = \{x \in \Sigma^* \mid (z_0, x, \#) \vdash^* (z, \varepsilon, \varepsilon) \text{ für ein } z \in Z\}$$

Beispiel: Wir wollen einen Kellerautomaten für die obige Beispielsprache

$$L = \{a_1 a_2 \ldots a_n \$ a_n \ldots a_2 a_1 \mid a_i \in \{a, b\}\}$$

angeben. Sei

$$M = (\{z_0, z_1\}, \{a, b, \$\}, \{\#, A, B\}, \delta, z_0, \#)$$

Um Schreibarbeit zu sparen, schreiben wir statt $\delta(z, a, A) \ni (z', x)$ einfach $zaA \to z'x$:

$$z_0 a\# \to z_0 A\#, \quad z_0 aA \to z_0 AA, \quad z_0 aB \to z_0 AB$$
$$z_0 b\# \to z_0 B\#, \quad z_0 bA \to z_0 BA, \quad z_0 bB \to z_0 BB$$
$$z_0 \$\# \to z_1 \#, \quad z_0 \$A \to z_1 A, \quad z_0 \$B \to z_1 B$$
$$z_1 aA \to z_1 \varepsilon, \quad z_1 bB \to z_1 \varepsilon, \quad z_1 \varepsilon \# \to z_1 \varepsilon$$

Es gilt zum Beispiel $ba\$ab \in N(M)$, denn:

$$(z_0, ba\$ab, \#) \vdash (z_0, a\$ab, B\#) \vdash (z_0, \$ab, AB\#) \vdash$$
$$(z_1, ab, AB\#) \vdash (z_1, b, B\#) \vdash (z_1, \varepsilon, \#) \vdash (z_1, \varepsilon, \varepsilon)$$

Man erkennt, dass bei diesem Kellerautomaten jede Konfiguration nur eine Folgekonfiguration besitzt: der Automat ist sogar deterministisch.

Ersetzt man die 3. Zeile der Definition von δ durch die Übergänge

$$z_0 aA \to z_1 \varepsilon, \quad z_0 bB \to z_1 \varepsilon, \quad z_0 \varepsilon \# \to z_1 \varepsilon$$

so erhält man einen Kellerautomaten M', für den

$$N(M') = \{a_1 a_2 \ldots a_n a_n \ldots a_2 a_1 \mid a_i \in \{a, b\}\}$$

ist. M' hat die möglichen Übergänge

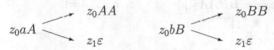

Beim Abarbeiten von $aabbaa$ sind folgende Konfigurationsfolgen möglich:

Eingabezeichen: *Konfigurationen:*

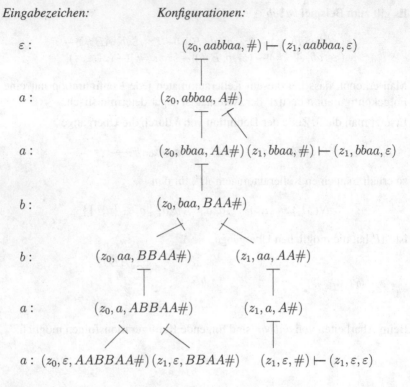

$\varepsilon :$ $(z_0, aabbaa, \#) \vdash (z_1, aabbaa, \varepsilon)$

$a :$ $(z_0, abbaa, A\#)$

$a :$ $(z_0, bbaa, AA\#) \, (z_1, bbaa, \#) \vdash (z_1, bbaa, \varepsilon)$

$b :$ $(z_0, baa, BAA\#)$

$b :$ $(z_0, aa, BBAA\#)$ $(z_1, aa, AA\#)$

$a :$ $(z_0, a, ABBAA\#)$ $(z_1, a, A\#)$

$a : (z_0, \varepsilon, AABBAA\#) \, (z_1, \varepsilon, BBAA\#)$ $(z_1, \varepsilon, \#) \vdash (z_1, \varepsilon, \varepsilon)$

Hier wird der Nichtdeterminismus benötigt, um die Wortmitte zu „erraten".
Man kann zeigen, dass es für die von M' akzeptierte Sprache keinen äquivalenten *deterministischen* Kellerautomaten gibt.

Satz.
EINE SPRACHE L IST KONTEXTFREI GENAU DANN, WENN L VON EINEM
NICHTDETERMINISTISCHEN KELLERAUTOMATEN ERKANNT WIRD.

Beweis: ($\Rightarrow$) Sei $G = (V, \Sigma, P, S)$ eine kontextfreie Grammatik für L. Wir
geben einen Kellerautomaten M an, der Ableitungen von G mit seinem Kellerinhalt simuliert. Hierbei wählen wir als Kelleralphabet $\Gamma = V \cup \Sigma$ und die
Startvariable S als das unterste Kellerzeichen. Der Kellerinhalt repräsentiert
die während einer Ableitung entstehenden Satzformen.

$$M = (\{z\}, \Sigma, V \cup \Sigma, \delta, z, S)$$

Mit Hilfe von P definieren wir δ wie folgt. Für jede Regel $A \rightarrow \alpha \in P$ mit $\alpha \in (V \cup \Sigma)^*$ setze:

$$\delta(z, \varepsilon, A) \ni (z, \alpha)$$

Ferner setze:

$$\delta(z, a, a) \ni (z, \varepsilon)$$

Das heißt: immer wenn das oberste Kellerzeichen eine Variable der Grammatik ist, wird ohne Lesen eines Eingabezeichens eine P-Regel angewandt; immer wenn das oberste Kellerzeichen ein Terminalzeichen ist und mit dem Eingabezeichen übereinstimmt, wird dieses einfach vom Keller gePOPt.

Es gilt nun für alle $x \in \Sigma^*$:

$$x \in L(G)$$

genau dann wenn es gibt eine Ableitung in G der Form $S \Rightarrow \cdots \Rightarrow x$

genau dann wenn es gibt eine Folge von Konfigurationen von M der Form
$(z, x, S) \vdash \cdots \vdash (z, \varepsilon, \varepsilon)$

genau dann wenn $x \in N(M)$.

($\Leftarrow$) Sei $L = N(M)$ für einen Kellerautomaten $M = (Z, \Sigma, \Gamma, \delta, z_0, \#)$. Wir können annehmen, dass für jede δ-Regel $zaA \rightarrow z'B_1 \ldots B_k$ gilt: $k \leq 2$. Denn komme etwa $zaA \rightarrow z'B_1 \ldots B_k$ in δ vor mit $k > 2$, so können wir neue Zustände $z_1, \ldots, z_{k-2}$ wählen und diese δ-Regel ersetzen durch:

$$zaA \rightarrow z_1 B_{k-1} B_k$$
$$z_1 \varepsilon B_{k-1} \rightarrow z_2 B_{k-2} B_{k-1}$$
$$\vdots$$
$$z_{k-2} \varepsilon B_2 \rightarrow z' B_1 B_2$$

Wir konstruieren nun eine Grammatik G, die Rechenschritte von M durch Linksableitungsschritte simuliert. Die „Variablen" dieser Grammatik setzen sich aus mehreren Bestandteilen zusammen (Kreuzprodukt), nämlich dem Zustand vor einer Folge von Rechenschritten des Kellerautomaten, dem verarbeiteten Kellersymbol und dem Zustand, der durchlaufen wird, wenn dieses Kellerzeichen wieder gePOPt wird.
Sei

$$G = (V, \Sigma, P, S)$$

wobei

$$V = \{S\} \cup Z \times \Gamma \times Z$$

und

$$P = \{S \to (z_0, \#, z) \mid z \in Z\}$$
$$\cup \{(z, A, z') \to a \mid \delta(z, a, A) \ni (z', \varepsilon)\}$$
$$\cup \{(z, A, z') \to a(z_1, B, z') \mid \delta(z, a, A) \ni (z_1, B),\ z' \in Z\}$$
$$\cup \{(z, A, z') \to a(z_1, B, z_2)(z_2, C, z') \mid \delta(z, a, A) \ni (z_1, BC),$$
$$z', z_2 \in Z\}$$

Diese Grammatik kann auch ε-Produktionen enthalten (denn a kann auch ε sein). Diese können nach dem Verfahren auf Seite 10 noch eliminiert werden.

Wir beweisen nun für alle $x \in \Sigma^*$ die folgende Behauptung:

$$\boxed{(z, A, z') \Rightarrow^* x \ \textbf{genau dann wenn} \ (z, x, A) \vdash^* (z', \varepsilon, \varepsilon)}$$

Für $a \in \Sigma \cup \{\varepsilon\}$ beobachten wir zunächst:

$$(z, A, z') \Rightarrow a \quad \textbf{gdw} \quad (z, A, z') \to a \in P$$
$$\textbf{gdw} \quad \delta(z, a, A) \ni (z', \varepsilon)$$
$$\textbf{gdw} \quad (z, a, A) \vdash (z', \varepsilon, \varepsilon)$$

Wir zeigen nun die Richtung von rechts nach links durch Induktion über die Anzahl n der Rechenschritte von M. Der kürzest-mögliche Fall ist $n = 1$. Dieser wird durch obige Beobachtung abgehandelt.

Sei nun $n > 1$, dann hat x die Form $x = ay$, $a \in \Sigma \cup \{\varepsilon\}$, so dass gilt: $(z, ay, A) \vdash (z_1, y, \alpha) \vdash^+ (z', \varepsilon, \varepsilon)$ für einen gewissen Zustand z_1 und Kellerinhalt α. Wir unterscheiden nun die drei denkbaren Fälle $\alpha = \varepsilon$, $\alpha = B$ und $\alpha = BC$.

Der *Fall* $\alpha = \varepsilon$ ist nicht möglich, da (z_1, y, ε) keine Folgekonfiguration besitzt.

Fall $\alpha = B$: Dann gilt $(z_1, B, z') \Rightarrow^* y$ nach Induktionsvoraussetzung. Außerdem muss es in P eine Regel der Form $(z, A, z') \to a(z_1, B, z')$ geben (dies ergibt sich aus der Form des ersten Rechenschritts). Damit erhalten wir insgesamt: $(z, A, z') \Rightarrow a(z_1, B, z') \Rightarrow^* ay = x$.

Fall $\alpha = BC$: Die Konfigurationsfolge $(z_1, y, BC) \vdash^* (z', \varepsilon, \varepsilon)$ kann in zwei Teile zerlegt werden: $(z_1, y, BC) \vdash^* (z_2, y_2, C)$ und $(z_2, y_2, C) \vdash^* (z', \varepsilon, \varepsilon)$, so dass y_2 ein gewisses Endstück von y ist, d.h. $y = y_1 y_2$. Für y_1, den vorderen Teil von y, gilt ferner: $(z_1, y_1, B) \vdash^* (z_2, \varepsilon, \varepsilon)$. Nach Induktionsvoraussetzung gilt sowohl $(z_1, B, z_2) \Rightarrow^* y_1$ als auch $(z_2, C, z') \Rightarrow^* y_2$. Ferner muss es in

P eine Regel der Form $(z, A, z') \to a(z_1, B, z_2)(z_2, C, z')$ geben (dies ergibt sich aus der Form des ersten Rechenschritts). Zusammengefasst erhalten wir:

$$(z, A, z') \Rightarrow a(z_1, B, z_2)(z_2, C, z') \Rightarrow^* ay_1(z_2, C, z') \Rightarrow^* ay_1y_2 = x$$

Die Richtung von links nach rechts zeigen wir durch Induktion nach k, der Länge der Linksableitung von x.

Der Induktionsanfang ($k = 1$) ergibt sich wieder aus der obigen Beobachtung.

Betrachten wir nun eine Ableitung mit $k > 1$.

Fall 1: $(z, A, z') \Rightarrow a \Rightarrow^* x$. Dann ist $x = a$. Dies ist bei $k > 1$ nicht möglich.

Fall 2: $(z, A, z') \Rightarrow a(z_1, B, z') \Rightarrow^* ay = x$. Dann ist $\delta(z, a, A) \ni (z_1, B)$ und nach Induktionsvoraussetzung gilt $(z_1, y, B) \vdash^* (z', \varepsilon, \varepsilon)$. Daraus folgt $(z, ay, A) \vdash (z_1, y, B) \vdash^* (z', \varepsilon, \varepsilon)$.

Fall 3: $(z, A, z') \Rightarrow a(z_1, B, z_2)(z_2, C, z') \Rightarrow^* ay = x$. Dann ist $\delta(z, a, A) \ni (z_1, BC)$ und nach Induktionsvoraussetzung gilt $(z_1, y_1, B) \vdash^* (z_2, \varepsilon, \varepsilon)$ und $(z_2, y_2, C) \vdash^* (z', \varepsilon, \varepsilon)$ wobei $y = y_1y_2$. Daraus folgt

$$(z, ay_1y_2, A) \vdash (z_1, y_1y_2, BC) \vdash^* (z_2, y_2, C) \vdash^* (z', \varepsilon, \varepsilon)$$

Mit dieser Behauptung ergibt sich $N(M) = L(G)$ wie folgt:

$$
\begin{aligned}
x \in N(M) \quad &\textbf{gdw} \quad (z_0, x, \#) \vdash^* (z, \varepsilon, \varepsilon) \text{ für ein } z \in Z \\
&\textbf{gdw} \quad S \Rightarrow (z_0, \#, z) \Rightarrow^* x \text{ für ein } z \in Z \\
&\textbf{gdw} \quad x \in L(G).
\end{aligned}
$$

∎

Bemerkung: Der Beweis des vorigen Satzes zeigt, dass man jeden Kellerautomaten so umkonstruieren kann, dass er nur *einen* Zustand hat: Denn sei M ein beliebiger Kellerautomat. Dann gilt aufgrund des Satzes $N(M) = L(G)$ für eine kontextfreie Grammatik G. Wenn wir den Satz nun wieder auf G anwenden, so erhalten wir einen äquivalenten Kellerautomaten, der mit einem Zustand auskommt.

Bemerkung: Da jede kontextfreie Grammatik (ohne ε) in Greibach-Normalform umgeformt werden kann (vgl. Seite 46), kann der erste Teil des Beweises auch so geführt werden, dass für jede Regel $A \to aB_1 \ldots B_k$ gilt $\delta(z, a, A) \ni (z, B_1 \ldots B_k)$. Das heißt, dass man immer einen Kellerautomaten angeben kann, der in jedem Schritt ein Eingabezeichen abliest und keine spontanen Übergänge hat.

1.3.6   Deterministisch kontextfreie Sprachen

Kellerautomaten wurden zunächst als nichtdeterministisches Konzept eingeführt – und nur in dieser Form sind die von ihnen erkannten Sprachen *genau* die kontextfreien Sprachen.

Nun sollen auch deterministische Kellerautomaten eingeführt werden. Wir werden sehen, dass diese nur eine *echte Teilmenge* der kontextfreien Sprachen definieren – allerdings auch nach wie vor eine *echte Obermenge* der regulären Sprachen. Wir wollen bei der Definition von deterministischen Kellerautomaten (engl. kurz: DPDA) das Konzept des spontanen ε-Übergangs beibehalten. Deshalb muss man bei der folgenden Definition dies mit berücksichtigen.

> **Definition.** Ein Kellerautomat M heißt *deterministisch*, falls für alle $z \in Z$, $a \in \Sigma$ und $A \in \Gamma$ gilt:
>
> $$|\delta(z, a, A)| + |\delta(z, \varepsilon, A)| \leq 1$$
>
> Es kommt hinzu, dass deterministisch kontextfreie Kellerautomaten *per Endzustand* akzeptieren und nicht *per leerem Keller*.[2]
>
> Eine Sprache heißt *deterministisch kontextfrei*, falls sie von einem deterministischen Kellerautomaten erkannt wird.

Beispiel: Die Sprache

$$L = \{a_1 \ldots a_n \$ a_n \ldots a_1 \mid a_i \in \Sigma\}$$

ist deterministisch kontextfrei, nicht jedoch

$$L' = \{a_1 \ldots a_n a_n \ldots a_1 \mid a_i \in \Sigma\}.$$

Aus der Definition der deterministisch kontextfreien Sprachen ergibt sich, dass Konfigurationsbäume zu linearen Ketten „degenerieren". Das heißt, die Relation $\vdash$ wird hier zu einer Funktion, d. h. für jede Konfiguration k gibt es höchstens eine Konfiguration k' mit $k \vdash k'$:

$$(z_0, x, \#) \vdash k_1 \vdash k_2 \vdash \cdots \vdash k_n \vdash \cdots$$

Wir erwähnen ohne Beweis den folgenden

---

[2]Tatsächlich ist dies für *deterministische* Kellerautomaten ein Unterschied; für nichtdeterministische sind beide Akzeptiermechanismen äquivalent.

Satz.

DIE DETERMINISTISCH KONTEXTFREIEN SPRACHEN SIND UNTER
KOMPLEMENTBILDUNG ABGESCHLOSSEN.

Die kontextfreien Sprachen sind – wie bekannt – nicht Schnitt-abgeschlossen.
Das angegebene Gegenbeispiel waren die Sprachen

$$L_1 = \{a^n b^n c^m \mid n, m \geq 1\}$$

und

$$L_2 = \{a^n b^m c^m \mid n, m \geq 1\}$$

Man stellt fest, dass diese Sprachen sogar *deterministisch* kontextfrei sind.
Daher sind die deterministisch kontextfreien Sprachen gleichfalls nicht unter
Schnitt abgeschlossen.

Dann können sie aber auch nicht unter Vereinigung abgeschlossen sein: Wenn
dies der Fall wäre, ließe sich der Schnitt mittels Vereinigung und Komplement
nach der deMorgan'schen Regel

$$L_1 \cap L_2 = \overline{\overline{L_1} \cup \overline{L_2}}$$

darstellen.

Wir fassen zusammen:

Satz.

DIE DETERMINISTISCH KONTEXTFREIEN SPRACHEN SIND *nicht* UNTER
SCHNITT UND VEREINIGUNG ABGESCHLOSSEN.

Bemerkung: Die deterministisch kontextfreien Sprachen stimmen mit den
so genannten $LR(k)$-Sprachen überein. Diese spielen im Compilerbau eine
wichtige Rolle ($\rightarrow$ Vorlesung über Compilerbau oder Syntaxanalyse).

Für deterministisch kontextfreie Sprachen ist das Wortproblem in *linearer
Zeit* lösbar.

Satz.

DER SCHNITT EINER (DETERMINISTISCH) KONTEXTFREIEN SPRACHE
MIT EINER REGULÄREN SPRACHE IST WIEDER (DETERMINISTISCH)
KONTEXTFREI.

Beweis: Sei $M_1 = (Z_1, \Sigma, \Gamma, \delta_1, z_{01}, \#, E_1)$ ein Kellerautomat (mit Endzustandsmenge E_1) für die Sprache L_1 und sei $M_2 = (Z_2, \Sigma, \delta_2, z_{02}, E)$ ein DFA für die Sprache L_2. Ähnlich der Konstruktion des „Kreuzproduktautomaten" auf Seite 41 definieren wir einen Kellerautomaten M_3 (desselben Typs wie M_1), der die Sprache $L_1 \cap L_2$ erkennt. Es ist

$$M_3 = (Z_1 \times Z_2, \Sigma, \Gamma, \delta_3, (z_{01}, z_{02}), \#, E_1 \times E_2)$$

wobei $\delta_3((z_1, z_2), a, A) \ni ((z_1', z_2'), B_1 \ldots B_k)$, falls $\delta_1(z_1, a, A) \ni (z_1', B_1 \ldots B_k)$ und $\delta_2(z_2, a) = z_2'$. ∎

1.3.7 Entscheidbarkeit bei kontextfreien Sprachen

Wir haben bereits mit dem CYK-Algorithmus einen effizienten Algorithmus für das Wortproblem bei kontextfreien Grammatiken vorgestellt. Insbesondere heißt dies, dass das Problem, gegeben eine kontextfreie Grammatik G und ein Wort x, festzustellen, ob $x \in L(G)$, *entscheidbar* ist.

Ein weiteres entscheidbares Problem ist das *Leerheitsproblem*. Hierzu gehen wir aus von einer kontextfreien Grammatik in CNF. Wir markieren alle Variablen, die in der Lage sind, Terminalwörter abzuleiten. Hierzu markieren wir zunächst alle Variablen A, sofern $A \to a$ eine Regel ist. Als Nächstes markieren wir sukzessive alle Variablen A, sofern $A \to BC$ eine Regel ist und B und C bereits markiert sind. Offensichtlich ist die erzeugte Sprache genau dann leer, wenn bei diesem Prozess die Startvariable S nicht markiert wird. Unter Verwenden derselben Idee kann man auch einen Markierungsalgorithmus angeben, der ohne zuvorige Umformung in CNF auskommt.

Entscheidbar ist ebenfalls das *Endlichkeitsproblem*. Dies sieht man sofort mit Hilfe des Pumping Lemmas: Sei n die der Sprache L zugeordnete Pumping Lemma Zahl. Es ist $|L| = \infty$ genau dann, wenn es ein Wort z in L mit $n \leq |z| < 2n$ gibt (und diese endlich vielen Wörter können auf Mitgliedschaft in L getestet werden). Zur Begründung: Wenn L mindestens ein Wort der Länge $\geq n$ enthält, so enthält L gemäß des Pumping Lemmas unendlich viele Wörter. Sei umgekehrt $|L| = \infty$ und sei $z \geq n$ ein Wort in L minimaler Länge. Wenn $|z| \geq 2n$, so kann z gemäß des Pumping Lemmas zerlegt werden in $uvwxy$, so dass insbesondere uwy in L liegt, wobei $|uwy| \geq n$. Dies ist ein Widerspruch zur Minimalität von z. Daher muss L ein Wort der Länge $\geq n$ und $< 2n$ enthalten.

Unter Effizienzaspekten ist der zuletzt angegebene Algorithmus jedoch nicht empfehlenswert, denn es müssen exponentiell in n viele Wörter getestet werden. (Hinzu kommt noch, dass bereits n exponentiell in $|V|$ ist). Effizientere

Verfahren suchen nach bestimmten Zyklen in dem „Grammatik-Graphen" mit der Knotenmenge V, den man einer kontextfreien Grammatik zuordnen kann.

Ein weiteres entscheidbares Problem ist das Folgende: Gegeben eine deterministisch kontextfreie Sprache L_1 (gegeben in Form eines deterministischen Kellerautomaten), und eine reguläre Sprache L_2 (in Form eines DFA), stelle fest, ob $L_1 = L_2$. Die Entscheidbarkeit dieses Problems sieht man wie folgt: Es gilt $L_1 = L_2$ genau dann, wenn $L_1 \subseteq L_2$ und $L_2 \subseteq L_1$. Dies wiederum gilt genau dann, wenn $L_1 \cap \overline{L_2} = \emptyset$ und $\overline{L_1} \cap L_2 = \emptyset$. Da man effektiv zu einem gegebenen deterministischen Kellerautomaten (bzw. zu einem DFA) einen entsprechenden Automaten konstruieren kann, der das Komplement erkennt, und da man ferner zu einem deterministischen Kellerautomaten und einem DFA einen deterministischen Kellerautomaten konstruieren kann, der die Schnittmenge der beiden Sprachen erkennt (siehe letzten Abschnitt), läuft es darauf hinaus, von zwei kontextfreien Sprachen festzustellen, ob sie leer sind, und dies ist entscheidbar.

Mehr noch, tatsächlich ist sogar das Äquivalenzproblem für deterministisch kontextfreie Sprachen entscheidbar (vgl. Seite 82).

Fast alle Fragestellungen bei kontextfreien Sprachen, sofern sie nicht in diesem Abschnitt angesprochen wurden, sind jedoch unentscheidbar (siehe hierzu Abschnitt 2.8).

1.4 Kontextsensitive und Typ 0–Sprachen

Für die Typ 1–Grammatiken war die Bedingung, dass die rechten Regelseiten nicht kürzer sind als die linken. Für diese Grammatiken lässt sich eine Normalform angeben, die in gewisser Weise mit der Chomsky-Normalform bei den kontextfreien Grammatiken vergleichbar ist.

> **Definition.** Eine Typ 1–Grammatik ist in *Kuroda-Normalform*,
> falls alle Regeln eine der 4 Formen haben:
>
> $$A \to a, \quad A \to B, \quad A \to BC, \quad AB \to CD.$$
>
> Hierbei stehen A, B, C, D für Variablen und a für ein Terminalsymbol.

> **Satz.**
> FÜR JEDE TYP 1–GRAMMATIK G MIT $\varepsilon \notin L(G)$ GIBT ES EINE GRAMMATIK G' IN KURODA-NORMALFORM MIT $L(G) = L(G')$.

Beweis: Analog der Umformung in CNF bei kontextfreien Sprachen können wir davon ausgehen, dass alle Regeln, die Terminalzeichen involvieren, nur die Form $A \to a$ haben (vgl. Seite 45). Dies erreichen wir, indem wir für das Terminalzeichen a eine neue Variable A und die Regel $A \to a$ hinzufügen und a in allen anderen Regeln (sowohl auf der linken wie auf der rechten Seite) durch A ersetzen.

Alle Regeln der Form $A \to B_1 B_2 \ldots B_k$, $k > 2$, können wie bei der Umformung in CNF in Regeln der Form $A \to BC$ aufgebrochen werden.

Die einzigen noch möglichen Regeln nach diesen Umformungsschritten, die *nicht* der Kuroda-Normalform entsprechen, haben die Form $A_1 \ldots A_m \to B_1 \ldots B_n$, $2 \le m \le n$, wobei m und n nicht beide gleich 2 sind. Eine solche Regel kann ersetzt werden durch den folgenden Satz von Regeln

$$
\begin{aligned}
A_1 A_2 &\to B_1 C_2 & C_m &\to B_m C_{m+1} \\
C_2 A_3 &\to B_2 C_3 & C_{m+1} &\to B_{m+1} C_{m+2} \\
&\vdots & &\vdots \\
C_{m-1} A_m &\to B_{m-1} C_m & C_{n-1} &\to B_{n-1} B_n
\end{aligned}
$$

wobei $C_2, \ldots, C_{n-1}$ neue Variablen sind. Nachdem jede solche Regel durch diesen Satz von Regeln ersetzt wurde, ist die Grammatik in Kuroda-Normalform. ∎

Als Nächstes wollen wir die Typ 1– und Typ 0–Sprachen gemeinsam behandeln. Gesucht ist ein Automatenmodell, das diese Sprachtypen beschreiben kann. Es muss offensichtlich allgemeiner sein als der Kellerautomat. Die wesentliche Beschränkung des Kellerautomaten ist die Zugriffsmöglichkeit auf seinen Speicher. Er darf eben nur nach dem Kellerprinzip (Last-in, First-out) angesprochen werden.

A.M. Turing[3] schlägt ein Automatenmodell vor, das „berechnungsstärker" ist als der Kellerautomat und heute *Turingmaschine* genannt wird. Turings Intention war noch viel weitreichender, nämlich eine mathematisch klar beschreibbare Maschine anzugeben, die allgemein genug ist, um stellvertretend für *jeden beliebigen* algorithmischen Berechnungsprozess zu stehen.

Das heißt, Turings Vorstellung ist es, mit der Turingmaschine den (zunächst nur intuitiv gegebenen) Begriff der *Berechenbarkeit*, des *effektiven Verfahrens* exakt beschrieben zu haben. Man ist heute davon überzeugt, dass ihm dieses

---

[3]Alan M. Turing, 1912–1954, englischer Mathematiker, Kryptoanalytiker und Computerkonstrukteur. Seine 1937 erschienene Arbeit „On computable numbers, with an application to the Entscheidungsproblem" hat die Berechenbarkeitstheorie, und damit die Theorie der Informatik, begründet.

geglückt ist (siehe Churchsche These, nächstes Kapitel).

Anschaulich beschrieben besteht eine Turingmaschine aus einem (potenziell) unendlichen Band, das in Felder eingeteilt ist. Jedes Feld kann ein einzelnes Zeichen des so genannten Arbeitsalphabets der Maschine enthalten. Auf dem Band kann sich ein Schreib-Lesekopf bewegen. Nur solche Zeichen, auf denen sich dieser Kopf gerade befindet, können in dem momentanen Rechenschritt verändert werden. Der Kopf kann in einem Rechenschritt dann um maximal eine Position nach links oder nach rechts bewegt werden.

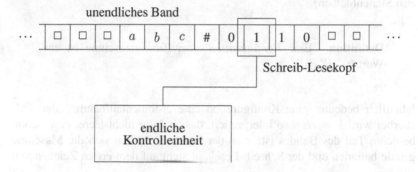

Bandfelder, die von dem Schreib-Lesekopf noch nie besucht und verändert wurden, enthalten das „Blank"-Zeichen □.

Definition. Eine *Turingmaschine* (kurz: TM) ist gegeben durch ein 7-Tupel

$$M = (Z, \Sigma, \Gamma, \delta, z_0, \square, E)$$

Hierbei sind:

- Z die endliche *Zustandsmenge*,

- Σ das *Eingabealphabet*,

- $\Gamma \supset \Sigma$ das *Arbeitsalphabet*,

- $\delta : Z \times \Gamma \longrightarrow Z \times \Gamma \times \{L, R, N\}$ im deterministischen Fall (bzw. $\delta : Z \times \Gamma \longrightarrow \mathcal{P}(Z \times \Gamma \times \{L, R, N\})$) im nichtdeterministischen Fall) die *Überführungsfunktion*,

- $z_0 \in Z$ der *Startzustand*,

- $\square \in \Gamma - \Sigma$ das *Blank*,

- $E \subseteq Z$ die Menge der *Endzustände*.

Informal erklärt bedeutet

$$\delta(z,a) = (z',b,x) \text{ bzw. } \delta(z,a) \ni (z',b,x)$$

Folgendes:

Wenn sich M im Zustand z befindet und unter dem Schreib-Lesekopf das Zeichen a steht, so geht M im nächsten Schritt in den Zustand z' über, schreibt (auf den Platz von a) b auf das Band und führt danach die Kopfbewegung $x \in \{L, R, N\}$ aus. (Hierbei steht L für *links*, R für *rechts* und N für *neutral*, also Stehenbleiben).

Definition. Eine *Konfiguration* einer Turingmaschine ist ein Wort $k \in \Gamma^* Z \Gamma^*$.

Inhaltlich bedeutet eine Konfiguration eine „Momentaufnahme" der TM. Hierbei wird $k = \alpha z \beta$ so interpretiert, dass $\alpha\beta$ der nicht-leere, bzw. schon besuchte Teil des Bandes ist. z ist der Zustand, in dem sich die Maschine gerade befindet, und der Schreib-Lesekopf steht auf dem ersten Zeichen von β.

Gestartet werden Turingmaschinen dadurch, dass die Eingabe $x \in \Sigma^*$ schon auf dem Band steht und der Schreib-Lesekopf auf dem ersten Zeichen von x. Dies wird dargestellt durch die *Startkonfiguration* $z_0 x$.

Definition. Wir definieren auf der Menge der Konfigurationen einer gegebenen Turingmaschine eine zweistellige Relation $\vdash$. Es gilt:

$$a_1 \ldots a_m z b_1 \ldots b_n \vdash \begin{cases} a_1 \ldots a_m z' c b_2 \ldots b_n, \\ \quad \delta(z,b_1) = (z',c,N), \ m \geq 0, \ n \geq 1 \\ a_1 \ldots a_m c z' b_2 \ldots b_n, \\ \quad \delta(z,b_1) = (z',c,R), \ m \geq 0, \ n \geq 2 \\ a_1 \ldots a_{m-1} z' a_m c b_2 \ldots b_n, \\ \quad \delta(z,b_1) = (z',c,L), \ m \geq 1, \ n \geq 1 \end{cases}$$

Zwei Sonderfälle müssen separat definiert werden: Wenn $n = 1$ und die Maschine nach rechts läuft, so trifft sie auf ein Blank:

$$a_1 \ldots a_m z b_1 \vdash a_1 \ldots a_m c z' \square \text{ falls } \delta(z,b_1) = (z',c,R)$$

Wenn $m = 0$ und die Maschine nach links läuft, so trifft sie gleichfalls auf ein Blank:

$$zb_1 \ldots b_n \vdash z' \square c b_2 \ldots b_n \text{ falls } \delta(z, b_1) = (z', c, L)$$

Diese Definition ist so gestaltet, dass Konfigurationsbeschreibungen bei Bedarf verlängert werden, wenn die Maschine links oder rechts ein neues, bisher noch nicht besuchtes, Zeichen liest. (Dieses Zeichen kann dann nur ein Blank sein).

Beispiel: Gegeben sei folgende Turingmaschine, die eine Eingabe $x \in \{0,1\}^*$ als Binärzahl interpretiert und 1 hinzuaddiert:

$$M = (\{z_0, z_1, z_2, z_e\}, \{0,1\}, \{0,1,\square\}, \delta, z_0, \square, \{z_e\})$$

wobei

$$\delta(z_0, 0) = (z_0, 0, R)$$
$$\delta(z_0, 1) = (z_0, 1, R)$$
$$\delta(z_0, \square) = (z_1, \square, L)$$

$$\delta(z_1, 0) = (z_2, 1, L)$$
$$\delta(z_1, 1) = (z_1, 0, L)$$
$$\delta(z_1, \square) = (z_e, 1, N)$$

$$\delta(z_2, 0) = (z_2, 0, L)$$
$$\delta(z_2, 1) = (z_2, 1, L)$$
$$\delta(z_2, \square) = (z_e, \square, R)$$

Wenn diese Maschine mit der Eingabe 101 gestartet wird, so stoppt sie schließlich mit 110 auf dem Band, wobei sich der Schreib-Lesekopf wieder auf das erste nicht-leere Zeichen zurückbewegt hat.

$$z_0 101 \vdash 1 z_0 01 \vdash 10 z_0 1 \vdash 101 z_0 \square \vdash 10 z_1 1 \square$$
$$\vdash 1 z_1 00 \square \vdash z_2 110 \square \vdash z_2 \square 110 \square \vdash \square z_e 110 \square$$

Beim 3. und 7. Konfigurationsübergang trat der Sonderfall in der Definition von $\vdash$ auf.

Definition. Die von einer Turingmaschine M *akzeptierte Sprache* ist wie folgt definiert:

$$T(M) = \{x \in \Sigma^* \mid z_0 x \vdash^* \alpha z \beta; \ \alpha, \beta \in \Gamma^*; \ z \in E\}$$

Wir wollen im Folgenden noch spezielle Turingmaschinen betrachten, die den Teil des Bandes, auf dem die Eingabe steht, niemals verlassen. Diese nennen wir *linear beschränkte Turingmaschinen* (engl.: linear bounded automaton, kurz: LBA). Für eine solche Maschine ist es jedoch sinnvoll und notwendig, dass sie es erkennen kann, wenn sie sich auf einem Randfeld befindet. Das „Erkennen" des linken Randfeldes ist kein Problem, da gerade auf diesem Feld am Anfang der Schreib-Lesekopf steht. Somit kann sich die Maschine im ersten Rechenschritt dieses Feld „markieren", um später nicht über diesen linken Rand hinauszulaufen.

Der rechte Rand allerdings, also das letzte Zeichen der Eingabe, wird bei der folgenden Definition jedoch schon in der Startkonfiguration besonders markiert. Hierzu verdoppeln wir das Eingabealphabet Σ zu $\Sigma' = \Sigma \cup \{\hat{a} \mid a \in \Sigma\}$. Die „eigentliche" Eingabe $a_1 a_2 \ldots a_{n-1} a_n$ wird auf dem Band repräsentiert durch $a_1 a_2 \ldots a_{n-1} \hat{a}_n$.

Definition. Eine nichtdeterministische Turingmaschine heißt *linear beschränkt*, wenn für alle $a_1 a_2 \ldots a_{n-1} a_n \in \Sigma^+$ und alle Konfigurationen $\alpha z \beta$ mit $z_0 a_1 a_2 \ldots a_{n-1} \hat{a}_n \vdash^* \alpha z \beta$ gilt: $|\alpha\beta| = n$.

Die von einer linear beschränkten Turingmaschine M *akzeptierte Sprache* ist wie folgt definiert:

$$T(M) = \{a_1 a_2 \ldots a_{n-1} a_n \in \Sigma^* \mid z_0 a_1 a_2 \ldots a_{n-1} \hat{a}_n \vdash^* \alpha z \beta,$$
$$\alpha, \beta \in \Gamma^*; \ z \in E\}$$

Satz. (KURODA)
DIE VON LINEAR BESCHRÄNKTEN, NICHTDETERMINISTISCHEN TURINGMASCHINEN (LBAs) AKZEPTIERBAREN SPRACHEN SIND GENAU DIE KONTEXTSENSITIVEN (TYP 1) SPRACHEN.

Beweis: ($\Leftarrow$) Sei A eine Typ 1–Sprache, also $A = L(G), G = (V, \Sigma, P, S)$.

Wir beschreiben informal eine TM M, die A akzeptiert: Bei Eingabe von $x = a_1 \ldots a_n$ wählt M zunächst nichtdeterministisch eine Produktion $u \to v \in P$ aus. Dann sucht M ein beliebiges Vorkommen von v auf dem Band auf. Falls ein solches gefunden werden kann, so ersetzt M dieses Teilwort durch u. (Falls u kürzer ist als v, so werden alle Bandsymbole rechts von u

entsprechend nach links verschoben). Falls der nicht-leere Teil des Bandes nur noch die Startvariable S enthält, so stoppt M in einem Endzustand. Ansonsten werden diese nichtdeterministischen Ersetzungsvorgänge wiederholt.

Nun gilt:

$x \in L(G)$ **gdw**   es gibt eine Ableitung $S \Rightarrow \cdots \Rightarrow x$

               gdw   es gibt eine Rechnung von M, die diese Ableitung

                          in umgekehrter Richtung simuliert

               gdw $x \in T(M)$

Da für die Regeln $u \to v \in P$ gilt $|u| \leq |v|$, ist M linear beschränkt.

($\Rightarrow$) Sei umgekehrt $A = T(M)$ für eine linear beschränkte Turingmaschine M. Im Folgenden beschreiben wir eine kontextsensitive Grammatik, die auf Wörtern, die Konfigurationen von M darstellen, operiert. Hierzu müssen wir Konfigurationen so beschreiben, dass sie aus nicht mehr Zeichen bestehen als die Eingabe, also der nicht-leere Teil des Bandes zu Beginn. Wir wählen zu diesem Zweck das Alphabet $\Delta = \Gamma \cup (Z \times \Gamma)$.

Die Konfiguration

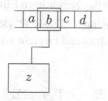

wird beispielsweise dargestellt durch $a(z,b)cd$. Dieses Wort hat nur die Länge $4 = |abcd|$ (bezogen auf das zugrunde liegende, erweiterte Alphabet Δ).

δ-Übergänge von M, etwa

$$\delta(z,a) \ni (z',b,L)$$

können durch (kontextsensitive) Produktionen beschrieben werden:

$$c\,(z,a) \to (z',c)\,b \quad \text{für alle } c \in \Gamma.$$

Die so entstehende Produktionenmenge nennen wir P'. Falls also $k \vdash^* k'$ unter M gilt, so gilt mittels P': $\tilde{k} \Rightarrow^* \tilde{k}'$ (und umgekehrt), wobei $\tilde{k}$ die oben angegebene Darstellung der Konfiguration k ist.

Die gesuchte kontextsensitive Grammatik $G = (V, \Sigma, P, S)$ sieht nun wie folgt aus:

$$
\begin{aligned}
V \;=\;& \{S, A\} \cup (\Delta \times \Sigma) \\
P \;=\;& \{S \to A(\hat{a}, a) \mid a \in \Sigma\} && (1)\\
& \cup \{A \to A(a, a) \mid a \in \Sigma\} && (2)\\
& \cup \{A \to ((z_0, a), a) \mid a \in \Sigma\} && (3)\\
& \cup \{(\alpha_1, a)(\alpha_2, b) \to (\beta_1, a)(\beta_2, b) \mid \alpha_1 \alpha_2 \to \beta_1 \beta_2 \in P', \\
& \qquad a, b \in \Sigma\} && (4)\\
& \cup \{((z, a), b) \to b \mid z \in E,\, a \in \Gamma,\, b \in \Sigma\} && (5)\\
& \cup \{(a, b) \to b \mid a \in \Gamma,\, b \in \Sigma\} && (6)
\end{aligned}
$$

Die Idee hierbei ist die Folgende: Zunächst sind mittels (1),(2),(3) Ableitungen möglich der Form

$$ S \Rightarrow^* ((z_0, a_1), a_1)(a_2, a_2) \ldots (a_{n-1}, a_{n-1})(\hat{a}_n, a_n) $$

Die ersten Komponenten stellen eine Startkonfiguration (repräsentiert über Δ) dar, die zweiten Komponenten das zugehörige Eingabewort.

Nun wird auf den ersten Komponenten mittels P' (Regelart (4)) eine Rechnung von M simuliert, bis ein Endzustand erreicht wird:

$$ \ldots \Rightarrow^* (\gamma_1, a_1) \ldots (\gamma_{k-1}, a_{k-1})((z, \gamma_k), a_k)(\gamma_{k+1}, a_{k+1}) \ldots (\gamma_n, a_n) $$

$$ \text{mit } z \in E, \gamma_i \in \Gamma, a_i \in \Sigma $$

Danach können mittels (5),(6) alle ersten Komponenten weggelöscht werden. Es bleibt $a_1 \ldots a_n$ übrig:

$$ \ldots \Rightarrow^* a_1 \ldots a_n $$

Man prüft leicht nach, dass alle Regeln vom Typ 1 sind. ∎

Unter Weglassen der linearen Beschränktheit von M bzw. der Typ 1–Bedingung von G erhalten wir aus obigem Beweis sofort einen Beweis für den folgenden

---

Satz.
DIE DURCH ALLGEMEINE TURINGMASCHINEN AKZEPTIERBAREN SPRACHEN SIND GENAU DIE TYP 0–SPRACHEN.

Bemerkungen: Der Berechnungsbaum einer nichtdeterministischen TM kann von einer deterministischen Turingmaschine systematisch durchsucht werden (nach einer Konfiguration mit Endzustand) – allerdings ist nicht klar, ob die simulierende Maschine hernach immer noch linear beschränkt ist, wenn es die ursprüngliche war.

Das bedeutet: im allgemeinen (Typ 0) Fall spielt es keine Rolle, ob wir von nichtdeterministischen oder von deterministischen Turingmaschinen reden, denn nichtdeterministische Turingmaschinen können durch deterministische simuliert werden. In der Typ 1–Situation allerdings war für den Äquivalenzbeweis eine *nichtdeterministische* Turingmaschine notwendig. Ob man in diesem Fall auch mit einer deterministischen auskommen kann, ist ein bis heute ungelöstes Problem, das so genannte LBA-Problem. Auf einen kurzen, formelhaften Nenner gebracht, lautet also die Frage, ob $LBA = DLBA$.

Es gilt jedoch der folgende (erstaunliche?) Satz.

Satz. (IMMERMAN, SZELEPCSÉNYI)
DIE KLASSE DER KONTEXTSENSITIVEN (ALSO TYP 1–) SPRACHEN IST
UNTER KOMPLEMENTBILDUNG ABGESCHLOSSEN.

Beweis: Sei $L = L(G) \subseteq \Sigma^*$ eine Typ 1–Sprache. Wir geben einen LBA M an, der das Komplement von L akzeptiert. Sei V die Variablenmenge von G. Bei Eingabe x, $|x| = n$, berechnet M zunächst die exakte Anzahl $a \in I\!N$ der von der Startvariablen S aus erzeugbaren Satzformen mit bis zu n Zeichen. (In der Notation von Seite 14 ist also $a = |T_m^n|$, wobei m so groß ist, dass $T_m^n = T_{m+1}^n$). Wir beobachten, dass die Binärdarstellung der Zahl a nur linear in n viel Platz auf dem Band einnimmt. Sodann arbeitet M wie folgt: In einer Schleife wird jedes mögliche Wort der Länge $\leq n$, bis auf x, über dem Alphabet $V \cup \Sigma$ systematisch aufgezählt. Für jedes dieser Wörter w wird in nichtdeterministischer Art und Weise geprüft, ob $S \Rightarrow_G^* w$. Hierbei besteht aber auch die nichtdeterministische Alternative, mit „Mißerfolg" die Schleife fortzusetzen. Im „Erfolgsfall" wird jedoch ein Zähler hochgezählt. Nur wenn dieser Zähler nach Ablauf der Schleife den Wert a erreicht hat, so akzeptiert die Maschine M. Dies bedeutet nämlich, dass M in der Lage war, sämtliche Satzformen der Länge $\leq n$ zu generieren (und als solche zu erkennen), wobei hierbei x nicht vorkam. Also ist dies genau dann der Fall, wenn $x \notin L$. Man beachte, dass die Schleife mit linearem Platz programmiert werden kann.

Es verbleibt noch zu zeigen, wie die Zahl a berechnet werden kann. Sei $a(m, n)$ die Anzahl der in $\leq m$ Schritten von der Startvariablen S erzeugbaren Satzformen der Länge $\leq n$ (also $a(m, n) = |T_m^n|$). Wir geben einen nicht-deterministischen Algorithmus an, der unter der Voraussetzung, dass $a(m, n)$ bekannt ist, die Zahl $a(m + 1, n)$ berechnet. Insgesamt startet der Algorithmus dann mit $a(0, n) = |\{S\}| = 1$ und iteriert das Verfahren solange, bis $a(m, n) = a(m + 1, n)$ gilt (vgl. Seite 14). Dies ist dann die gesuchte Zahl a. Diese Vorgehensweise wird manchmal *induktives Zählen* genannt.

Bei Eingabe von $a(m, n)$ berechnet M die Zahl $b = a(m + 1, n)$ wie folgt. Zunächst wird b mit 0 initialisiert. Analog dem oben beschriebenen Verfahren werden dieses Mal in zwei ineinander verschachtelten Schleifen alle Paare von Wörtern w, w' bis zur Länge n über dem Alphabet $V \cup \Sigma$ generiert. Dabei wird w' in der äußeren und w in der inneren Schleife generiert. Vor jedem inneren Schleifendurchlauf wird ein weiterer Zähler z mit 0 initialisiert und im Inneren der w-Schleife wird nichtdeterministisch überprüft, ob es eine Ableitung von S nach w in $\leq a(m, n)$ Schritten gibt. Im Erfolgsfall wird der Zähler z hochgezählt und ferner überprüft, ob $w = w'$ oder $w \Rightarrow_G w'$ gilt. Sollte dies der Fall sein, so wird der Zähler b hochgezählt. Nach jeder Beendigung der inneren Schleife wird die Rechnung nur dann fortgesetzt, wenn der Zähler z den Wert $a(m, n)$ erreicht hat, ansonsten wird verworfen. Nach Beendigung der äußeren Schleife hat der Zähler b dann den Wert $a(m + 1, n)$.

Die folgende Skizze zeigt schematisch den nichtdeterministischen Rechenablauf, der von $a(m, n)$ zu $a(m + 1, n)$ führt. Die nichtdeterministischen Rechnungen enden entweder verwerfend (–) oder mit dem korrekten Wert $a(m + 1, n)$.

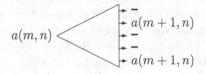

Man kann den gesamten Rechenablauf so organisieren, dass nicht mehr als n Bandfelder verwendet werden. Daher ist M ein LBA, und M akzeptiert die Sprache $\overline{L}$. ∎

1.5 Tabellarischer Überblick

Wir stellen nun in Tabellenform die wichtigsten Resultate zusammen. Um die Tabellen jedoch vollständig zu machen, sind an der einen oder anderen Stelle auch Ergebnisse eingefügt, die im Text nicht behandelt wurden.

Beschreibungsmittel. Mit welchen Mitteln der Beschreibung kann welcher Sprachtyp dargestellt werden? Meist haben wir zumindest eine Grammatikart und einen äquivalenten Automaten kennengelernt.

Typ 3	reguläre Grammatik DFA NFA regulärer Ausdruck
Det. kf.	$LR(k)$-Grammatik deterministischer Kellerautomat (DPDA)
Typ 2	kontextfreie Grammatik Kellerautomat (PDA)
Typ 1	kontextsensitive Grammatik linear beschränkter Automat (LBA)
Typ 0	Typ 0 - Grammatik Turingmaschine (TM)

Determinismus und Nichtdeterminismus. Wir stellen zusammen, inwieweit bei den verschiedenen Automatenmodellen die deterministische und die nichtdeterministische Version äquivalent sind.

Nichtdet. Automat	Determ. Automat	äquivalent?
NFA	DFA	ja
PDA	DPDA	nein
LBA	DLBA	?
TM	DTM	ja

Die Frage, ob sich nichtdeterministische LBAs äquivalent in deterministische umformen lassen, ist ungelöst. Diese Frage ist als *LBA-Problem* bekannt (vgl. S. 79).

Abschlusseigenschaften. Die betrachteten Sprachklassen sind (sind nicht) abgeschlossen unter den folgenden Operationen.

	Schnitt	Vereinigung	Komplement	Produkt	Stern
Typ 3	ja	ja	ja	ja	ja
Det. kf.	nein	nein	ja	nein	nein
Typ 2	nein	ja	nein	ja	ja
Typ 1	ja	ja	ja	ja	ja
Typ 0	ja	ja	nein	ja	ja

Entscheidbarkeit. Die folgenden Fragestellungen sind (sind nicht) entscheidbar. Einige der Unentscheidbarkeitsergebnisse können erst im nächsten Kapitel bewiesen werden.

	Wort-problem	Leerheits-problem	Äquivalenz-problem	Schnitt-problem
Typ 3	ja	ja	ja	ja
Det. kf.	ja	ja	ja	nein
Typ 2	ja	ja	nein	nein
Typ 1	ja	nein	nein	nein
Typ 0	nein	nein	nein	nein

Bis 1997 war ungelöst, ob das Äquivalenzproblem bei deterministisch kontextfreien Sprachen entscheidbar ist (vgl. auch S. 131). Mit einem sehr aufwändigen Beweis wurde die Entscheidbarkeit von Senizergues (auf der ICALP 97) gezeigt.

Wortproblem. Wir greifen noch speziell das Wortproblem heraus und stellen zusammen, welche Komplexität entsprechende Algorithmen haben.

Typ 3 (DFA gegeben)	lineare Komplexität, S. 41
Det. kf.	lineare Komplexität, S. 69
Typ 2 (CNF gegeben)	Komplexität: $O(n^3)$, S. 58
Typ 1	exponentielle Komplexität, S. 14 NP-hart, S. 173
Typ 0	unlösbar, vgl. S. 12 und S. 117

Kapitel 2

Berechenbarkeitstheorie

2.1 Intuitiver Berechenbarkeitsbegriff und Churchsche These

Jeder, der programmieren gelernt hat, weiß, dass es so etwas wie einen intuitiven Berechenbarkeitsbegriff gibt. Man hat eine Vorstellung davon, welche Funktionen (auf den natürlichen Zahlen) berechenbar sind. Allerdings alleine auf dieser Intuition basierend den Nachweis zu führen, dass eine Funktion *nicht* berechenbar ist, erweist sich als schwierig bzw. unmöglich.

Es ist deshalb notwendig, den intuitiven Begriff in die Form einer mathematischen Definition zu bringen. Dann kann es auch gelingen, von einer Funktion den Nachweis zu führen, dass sie der Definition *nicht* entspricht.

Man handelt sich jedoch das neue Problem ein, dass begründet werden muss, dass die formale Definition wirklich den intuitiven Begriff erfasst. Eine solche Begründung kann immer nur ein Plausibel-machen sein, jedoch kein mathematischer Beweis, da ja eben der intuitive Berechenbarkeitsbegriff (noch) nicht formal gefasst ist.

Wir beginnen mit einer Diskussion des intuitiven Berechenbarkeitsbegriffs und einigen Beispielen.

Eine (evtl. partielle) Funktion $f : I\!N^k \rightarrow I\!N$ soll als *berechenbar* angesehen werden, falls es ein Rechenverfahren, einen Algorithmus, gibt (z.B. in Form eines MODULA-Programms), das f berechnet, d.h. gestartet mit $(n_1, \ldots, n_k) \in I\!N^k$ als Eingabe (z.B. so dass $n_1, \ldots, n_k$ die Startwerte der Variablen $x_1, \ldots, x_k$ sind) soll der Algorithmus nach endlich vielen Schritten mit der Ausgabe von $f(n_1, \ldots, n_k)$ stoppen. Im Fall einer partiellen Funktion (also einer Funktion, die an manchen Stellen undefiniert ist) soll der Algorith-

mus bei der entsprechenden Eingabe nicht stoppen (unendliche Schleife).
Jedem Algorithmus ist also eine Funktion, die durch ihn berechnet wird, zugeordnet.

Beispiel 1: Der Algorithmus

$$\text{INPUT}(n);$$
$$\text{REPEAT UNTIL FALSE};$$

„berechnet" die total undefinierte Funktion $\Omega : n \mapsto undef.$

Beispiel 2: Die Funktion

$$f(n) = \begin{cases} 1 & \text{falls } n \text{ ein Anfangsabschnitt der} \\ & \text{Dezimalbruchentwicklung von } \pi \text{ ist} \\ 0 & \text{sonst} \end{cases}$$

(Bsp. $f(314) = 1, f(5) = 0$) ist berechenbar, denn es gibt Näherungsverfahren für die Zahl π. (Es gibt z.B. Zahlenfolgen, die auf π konvergieren – zusammen mit einer Abschätzung des Fehlers). Diese brauchen nur bis die entsprechende Genauigkeit erreicht ist, berechnet werden.

Beispiel 3: Die Funktion

$$g(n) = \begin{cases} 1 & \text{falls } n \text{ irgendwo in der} \\ & \text{Dezimalbruchentwicklung von } \pi \text{ vorkommt} \\ 0 & \text{sonst} \end{cases}$$

ist möglicherweise nicht berechenbar. Unser bisheriges Wissen über die Zahl π reicht nicht aus, um eine Entscheidung über Berechenbarkeit oder Nicht-Berechenbarkeit zu treffen.

Interessanterweise könnte die Funktion g aus folgendem Grund berechenbar sein: Die Ziffernfolge von π ist anscheinend so „zufällig", also kann es doch sein, dass *jede* Ziffernfolge irgendwann mal vorkommt (bei einer echten Zufallszahlenfolge ist dies mit Wahrscheinlichkeit 1 der Fall). In diesem Fall wäre $g(n) = 1$ für alle n. Eine solche konstante Funktion ist sicher berechenbar.

Beispiel 4: Die Funktion

$$h(n) = \begin{cases} 1 & \text{falls in der Dezimalbruchentwicklung von } \pi \text{ irgendwo} \\ & \text{mindestens } n\text{-mal hintereinander eine 7 vorkommt} \\ 0 & \text{sonst} \end{cases}$$

hat anscheinend einen ähnlich unsicheren Status wie g, was ihre Berechenbarkeit betrifft. Dies scheint jedoch nur so zu sein: h *ist* berechenbar! Der Grund ist Folgender: Entweder kommen beliebig lange 7-er Folgen in π vor. Dann gilt: $h(n) = 1$ für alle n. In diesem Fall ist h sicher berechenbar. Oder aber, es gibt eine Zahl n_0, so dass es in π 7-er Folgen bis zur Länge n_0, aber nicht $n_0 + 1$ gibt. Auch in diesem Fall ist h einfach berechenbar: Es ist $h(n) = 1$, falls $n \leq n_0$, und $h(n) = 0$, sonst. In jedem dieser Fälle *gibt es* einen Algorithmus zur Berechnung von h, und genau einer dieser Fälle muss vorliegen. Man beachte, dass die obige Berechenbarkeitsdefinition nicht konstruktiv ist: Für die Berechenbarkeit genügt es, dass ein Algorithmus *existiert*, wir müssen nicht unbedingt in der Lage sein, diesen existierenden Algorithmus auch explizit anzugeben (wie es bei diesem Beispiel der Fall ist: Wir wissen nicht, welcher der beiden Fälle vorliegt, und im zweiten Fall kennen wir auch n_0 nicht).

Ein ähnliches *Beispiel* ist

$$i(n) = \begin{cases} 1 & \text{falls das LBA-Problem eine positive Lösung hat} \\ 0 & \text{sonst.} \end{cases}$$

Unsere momentane Unwissenheit über den Status des LBA-Problems (vgl. S. 79) ändert nichts daran, dass i berechenbar ist, denn i ist entweder die konstante 1-Funktion oder konstante 0-Funktion, und beide sind berechenbar, und genau einer dieser Fälle liegt vor.

Im obigen Beispiel 2 wurde der reellen Zahl π eine Funktion f, die wir der Deutlichkeit halber jetzt f_π nennen, zugeordnet. Diese Funktion f_π ist berechenbar, da es Näherungsverfahren für π gibt. Ähnlich ist auch die Funktion f_e berechenbar, die der Eulerschen Konstanten e zugeordnet ist.

Frage: Gilt, dass für *jede* reelle Zahl r die zugeordnete Funktion f_r berechenbar ist? Antwort: Nein, denn es gibt überabzählbar viele reelle Zahlen, aber nur abzählbar viele Rechenverfahren. Je zwei verschiedenen reellen Zahlen müssten ja auch zwei verschiedene Rechenverfahren zugeordnet werden. Die Abzählbarkeit der Menge der Rechenverfahren ergibt sich daraus, dass Rechenverfahren notwendigerweise durch einen endlichen Text beschrieben werden müssen. In diesem Sinne gibt es also berechenbare reelle Zahlen und nicht-berechenbare reelle Zahlen. (Diese Unterscheidung hat nichts mit rational/irrational zu tun, nur insoweit, dass rationale Zahlen immer berechenbar sind).

Wir werden im Folgenden verschiedene Vorschläge kennenlernen, den intuitiven Berechenbarkeitsbegriff formal zu definieren: Turingmaschinen,

WHILE-Programme, GOTO-Programme, μ-rekursive Funktionen. Die historisch ersten dieser Definitionen (von Turing und Church) gehen auf 1936 zurück. Erstaunlicherweise hat sich gezeigt, dass alle diese Definitionen – so unterschiedlich ihre Konstruktion ist – untereinander äquivalent sind. Verschiedene dieser Äquivalenzen werden wir im Folgenden nachvollziehen.

Aufgrund dessen, dass all diese Äquivalenzen gelten und dass sich niemand in der Lage sah, einen noch umfassenderen Berechenbarkeitsbegriff zu erfinden, ist man heute davon überzeugt, mit den angegebenen Definitionen genau *den* Berechenbarkeitsbegriff erfasst zu haben. Das heißt, wenn von einer Funktion nachgewiesen ist, dass sie *nicht* Turingmaschinen-berechenbar ist, dann folgt aus dieser Überzeugung, dass die Funktion *überhaupt nicht* berechenbar ist.

Diese Überzeugung oder Hypothese fasst man unter dem Namen *Churchsche These* zusammen, die – wie bereits diskutiert – nicht beweisbar, aber allgemein akzeptiert, ist.

Churchsche These.
DIE DURCH DIE FORMALE DEFINITION DER *Turing-Berechenbarkeit* (ÄQUIVALENT: *WHILE-Berechenbarkeit, GOTO-Berechenbarkeit, μ-Rekursivität*) ERFASSTE KLASSE VON FUNKTIONEN STIMMT GENAU MIT DER KLASSE DER IM INTUITIVEN SINNE BERECHENBAREN FUNKTIONEN ÜBEREIN.

Gelegentlich findet sich in der Literatur die Formulierung, dass ein Beweis die Churchsche These benutzt. Dies bedeutet dann, dass im Verlauf des Beweises entweder in Umgangssprache oder in einer Programmiersprache ein Algorithmus formuliert wird und dann argumentiert wird: Da ein intuitiver Algorithmus existiert, existiert auch eine entsprechende Turingmaschine. Mit einer solchen Turingmaschine wird dann weitergearbeitet, ohne diese Turingmaschine je direkt angegeben zu haben.

2.2   Turing-Berechenbarkeit

Turings Vorschlag zu einer formalen Definition des Berechenbarkeitsbegriffs basiert auf der – nach ihm benannten – Turingmaschine. Er ging hierbei von der Idee aus nachzuempfinden, wie ein Mensch eine systematische Berechnung, wie etwa eine Multiplikation nach der Schulmethode, durchführt. Er verwendet hierzu ein Rechenblatt – in Felder eingeteilt – auf dem die Rechnung samt aller Zwischenergebnisse notiert wird. Zur Verfügung stehen ihm hierbei ein Schreibwerkzeug und evtl. ein Radierer, um Zeichen auf Felder zu notieren bzw. wieder zu löschen.

Die jeweilige Aktion hängt nur von wenigen (endlich vielen) Symbolen ab, die sich im Umfeld der aktuellen Position des Schreibwerkzeugs befinden. Die Rechnung wird hierbei gesteuert von einem endlichen Programm.

Die formale Definition der Turingmaschine wurde bereits gegeben. Sie stellt noch eine gewisse Vereinfachung obiger Ideen dar: das 2-dimensionale Rechenblatt wird reduziert zu einem 1-dimensionalen Rechenband, das Schreibwerkzeug und der Radierer verschmelzen zu einem einzigen Schreib-Lesekopf, wie bei einem Tonbandgerät. Man kann jedoch nachweisen, dass auch anscheinend allgemeinere Definitionen (mehrere Bänder, 2- bzw. n-dimensionales Band, mehrere Schreib-Leseköpfe, getrennter Schreib- und Lesekopf, etc.) durch das einfache Modell simuliert werden können.

Bisher verwendeten wir Turingmaschinen für das *Akzeptieren* von *Sprachen*, nun müssen wir die Definition modifizieren, um das *Berechnen* von *Funktionen* zu erfassen. Wir geben gleich zwei Definitionen von Turing-Berechenbarkeit an, eine für Funktionen auf natürlichen Zahlen, eine für Funktionen auf Wörtern.

Definition. Eine Funktion $f : I\!N^k \longrightarrow I\!N$ heißt *Turing-berechenbar*, falls es eine (deterministische) Turingmaschine M gibt, so dass für alle $n_1, \ldots, n_k, m \in I\!N$ gilt:

$$f(n_1, \ldots, n_k) = m$$
genau dann wenn
$$z_0 bin(n_1) \# bin(n_2) \# \ldots \# bin(n_k) \vdash^* \square \ldots \square z_e bin(m) \square \ldots \square$$

wobei $z_e \in E$. Hierbei bezeichnet $bin(n)$ die Binärdarstellung der Zahl $n \in I\!N$ (ohne führende Nullen).

Definition. Eine Funktion $f : \Sigma^* \longrightarrow \Sigma^*$ heißt *Turing-berechenbar*, falls es eine (deterministische) Turingmaschine M gibt, so dass für alle $x, y \in \Sigma^*$ gilt:

$$f(x) = y$$
genau dann wenn
$$z_0 x \vdash^* \square \ldots \square z_e y \square \ldots \square$$

wobei $z_e \in E$.

Man beachte, dass bei beiden Definitionen indirekt ausgedrückt wird, dass im Falle von $f(x) = $ *undefiniert* die Maschine M in eine unendliche Schleife gehen kann.

Beispiel: Die Nachfolgerfunktion $n \mapsto n+1$ ist Turing-berechenbar. Eine entsprechende Turingmaschine wurde im vorigen Kapitel angegeben (Seite 75), denn diese Maschine transformiert $bin(n)$ in $bin(n+1)$.

Beispiel: Die überall undefinierte Funktion Ω ist Turing-berechenbar, etwa durch die Maschine:

$$\delta(z_0, a) = (z_0, a, R) \quad \text{für alle } a \in \Gamma$$

Beispiel: Bekanntermaßen ist eine Sprache vom Typ 0, wenn sie von einer Turingmaschine akzeptiert wird. Das heißt, für genau diejenigen Wörter w stoppt die Maschine nach endlich vielen Schritten in einem Endzustand, für die $w \in A$ gilt. Für Wörter $w \notin A$ braucht die Maschine nicht einmal zu stoppen – jedenfalls nicht in einem Endzustand. Dies entspricht genau derselben Situation wie bei einer Turingmaschine, die die folgende Funktion $\chi'_A : \Sigma^* \longrightarrow \{0, 1\}$ berechnet:

$$\chi'_A(w) = \begin{cases} 1, & w \in A \\ \textit{undefiniert}, & w \notin A \end{cases}$$

Die oben angegebene Turingmaschine, die für die Typ 0–Eigenschaft von A verantwortlich ist, kann leicht so umkonstruiert werden, dass sie die Funktion χ'_A berechnet (und umgekehrt). Daher stimmen die Typ 0–Sprachen genau mit den *semi-entscheidbaren* Sprachen überein (vgl. die ausführlichere Diskussion, Seite 114).

Eine *Mehrband-Turingmaschine* kann auf $k \geq 1$ vielen Bändern unabhängig voneinander operieren, d.h. sie hat k Schreib-Leseköpfe, die in jedem Schritt lesen, schreiben und sich unabhängig voneinander bewegen können. Formal kann eine solche Maschine erfasst werden, indem wir δ als eine Funktion von $Z \times \Gamma^k$ nach $Z \times \Gamma^k \times \{L, R, N\}^k$ ansetzen. Der Begriff der Konfiguration, der von der Turingmaschine akzeptierten Sprache bzw. berechneten Funktion kann entsprechend verallgemeinert werden.

Wir zeigen nun, dass eine Mehrband-Turingmaschine nicht mehr „Berechnungskraft" besitzt als das Einfach-Modell mit einem Band. Das bedeutet, wenn es darum geht, irgendeine Turingmaschine mit bestimmten Berechnungsfähigkeiten anzugeben, dass wir zunächst auch eine Mehrband-

Turingmaschine angeben können – was oft wesentlich einfacher ist – und uns dann auf den folgenden Satz berufen können.

Satz.
ZU JEDER MEHRBAND-TURINGMASCHINE M GIBT ES EINE (EINBAND-) TURINGMASCHINE M' MIT $T(M) = T(M')$ BZW. SO, DASS M' DIESELBE FUNKTION BERECHNET WIE M.

Beweis: Sei k die Anzahl der Bänder von M und sei Γ das Arbeitsalphabet von M. Die Idee ist, dass wir das Band von M' in $2k$ „Spuren" unterteilen, so dass eine Konfiguration von M, wie etwa

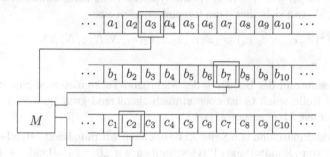

simuliert wird durch

Das heißt zunächst, dass das Arbeitsalphabet von M' als $\Gamma' = \Gamma \cup (\Gamma \cup \{\star\})^{2k}$ gewählt wird, um diese Darstellung in Spuren zu ermöglichen.

M' simuliert M wie folgt: Gestartet mit der Eingabe $x_1 x_2 \ldots x_n \in \Gamma^*$ erzeugt M' zunächst die Darstellung der Startkonfiguration von M in der angegebenen Spuren-Darstellung. Sodann simuliert M' jeweils einen Schritt von M

durch mehrere Schritte, und zwar folgendermaßen. M' startet die Simulation so, dass der Schreib-Lesekopf links von allen $\star$-Markierungen steht. M' geht nach rechts, bis alle k $\star$-Markierungen überschritten wurden. M' „weiß" nun, welche Zeile der δ-Funktion von M anzuwenden ist (d.h. M' ist in einen entsprechenden Zustand übergegangen – hierzu muss gelten: $|Z'| \geq |Z \times \Gamma^k|$). Dann geht M' wieder nach links über alle k $\star$-Marken hinweg und führt alle entsprechenden Änderungen aus.   ∎

Wir vereinbaren nun folgende Notation: Wenn M eine 1-Band-Turingmaschine ist, so bezeichnet $M(i, k)$, $i \leq k$, diejenige k-Band-Turingmaschine, die wir aus M dadurch erhalten, dass die Aktionen von M nun auf Band i ablaufen und alle anderen Bänder unverändert bleiben. Etwas konkreter: Sei $\delta(z, a) = (z', b, y)$, $y \in \{L, R, N\}$, eine typische Zeile der δ-Funktion von M. In $M(3, 5)$ etwa sieht dies dann folgendermaßen aus:

$$\delta(z, c_1, c_2, a, c_3, c_4) = (z', c_1, c_2, b, c_3, c_4, N, N, y, N, N)$$

für alle $c_1, c_2, c_3, c_4 \in \Gamma$.

Falls die Gesamtzahl der Bänder k der Mehrband-Turingmaschine eine untergeordnete Rolle spielt (k ist eben einfach „genügend groß" gewählt), so schreiben wir nur $M(i)$ anstatt $M(i, k)$.

Die $+1$ – Addiermaschine von Seite 75 bezeichnen wir mit „Band:=Band+1" und anstelle von „Band:=Band+1"(i) schreiben wir „Band i:=Band $i + 1$". In ähnlicher Weise können wir auch Mehrbandmaschinen erhalten, die die Operationen „Band i := Band $i - 1$", „Band i := 0" und „Band i := Band j" ausführen.

Als Nächstes wollen wir (1-Band- oder Mehrband-) Turingmaschinen „hintereinanderschalten". Seien etwa $M_i = (Z_i, \Sigma, \Gamma_i, \delta_i, z_i, \square, E_i)$, $i = 1, 2$, zwei Turingmaschinen, so bezeichnen wir durch (Flussdiagrammnotation)

$$\text{start} \longrightarrow M_1 \longrightarrow M_2 \longrightarrow \text{stop}$$

oder durch (Programmiersprachen-Notation)

$$M_1; M_2$$

eine neue Turingmaschine

$$M = (Z_1 \cup Z_2, \Sigma, \Gamma_1 \cup \Gamma_2, \delta, z_1, \square, E_2)$$

wobei (ohne Beschränkung der Allgemeinheit) $Z_1 \cap Z_2 = \emptyset$ und

$$\delta = \delta_1 \cup \delta_2 \cup \{(z_e, a, z_2, a, N) \mid z_e \in E_1, a \in \Gamma_1\}$$

Beispiel:

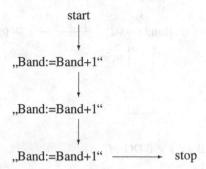

ist eine Turingmaschine, die 3 hinzuaddiert.

In ähnlicher Weise bezeichnen wir mit

eine Turingmaschine, wobei vom Endzustand z_{e_1} von M aus nach M_1 über-gegangen wird, und von z_{e_2} aus nach M_2.

Betrachten wir noch eine spezielle Turingmaschine, die wir mit „Band=0?" bezeichnen: Es ist $Z = \{z_0, z_1, ja, nein\}$; Startzustand ist z_0; Endzustände sind ja und $nein$. Es ist

$$\delta(z_0, a) = (nein, a, N) \quad \text{für } a \neq 0$$
$$\delta(z_0, 0) = (z_1, 0, R)$$
$$\delta(z_1, a) = (nein, a, L) \quad \text{für } a \neq \square$$
$$\delta(z_1, \square) = (ja, \square, L)$$

Anstatt „Band=0?"(i) schreiben wir: „Band $i = 0$?".

Sei M eine beliebige Turingmaschine. Dann nennen wir die Maschine

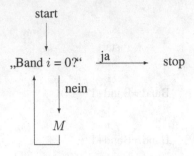

fortan „WHILE Band $i \neq 0$ DO M".

Man erkennt, dass wir nun schon verschiedene einfache Programmier-sprachen-ähnliche Konzepte mit einer Mehrband-Turingmaschine simulieren können: Die Bandinhalte können als die Variablenwerte angesehen werden, es gibt einfache Wertzuweisungen, die Hintereinanderreihung von Programmen ist möglich, eine einfache Abfrage und eine While-Schleife können program-miert werden. Außerdem lässt sich jede solche Mehrband-Turingmaschine wieder durch eine 1-Band-Turingmaschine simulieren. Wir greifen dies im nächsten Kapitel wieder auf.

2.3   LOOP-, WHILE- und GOTO-Berechenbarkeit

Wir betrachten eine einfache Programmiersprache, genannt LOOP. LOOP-Programme sind aus folgenden syntaktischen Komponenten aufgebaut.

> *Variablen:* $x_0 \; x_1 \; x_2 \ldots$
>
> *Konstanten:* $0 \; 1 \; 2 \; \ldots$
>
> *Trennsymbole:* ; :=
>
> *Operationszeichen:* $+$ $-$
>
> *Schlüsselwörter:* LOOP DO END

Die (induktive) Definition der *Syntax* von LOOP-Programmen ist wie folgt erklärt.

Jede Wertzuweisung der Form

$$x_i := x_j + c \text{ bzw. } x_i := x_j - c$$

ist ein LOOP-Programm (wobei $c \in I\!\!N$ eine Konstante ist).

Falls P_1 und P_2 bereits LOOP-Programme sind, dann auch

$$P_1; P_2$$

Falls P ein LOOP-Programm ist und x_i eine Variable, dann ist auch

$$\text{LOOP } x_i \text{ DO } P \text{ END}$$

ein LOOP-Programm.

Die *Semantik* von LOOP-Programmen ist wie folgt definiert. Bei einem LOOP-Programm, das eine k-stellige Funktion berechnen soll, gehen wir davon aus, dass dieses mit den Startwerten $n_1, \ldots, n_k \in I\!\!N$ in den Variablen $x_1, \ldots, x_k$ gestartet wird und alle anderen vorkommenden Variablen den Anfangswert 0 haben.

Die Wertzuweisung $x_i := x_j + c$ wird wie üblich interpretiert: der neue Wert der Variablen x_i berechnet sich zu $x_j + c$, wobei c eine Konstante ist. Bei $x_i := x_j - c$ wird die *modifizierte Subtraktion* verwendet, also falls $c > x_j$, so wird das Resultat auf 0 gesetzt. (Die Variablen dürfen nur Werte $\in I\!\!N$ annehmen).

Ein LOOP-Programm der Form $P_1; P_2$ wird so interpretiert, dass zuerst P_1 und dann P_2 auszuführen ist.

Ein LOOP-Programm der Form LOOP x_i DO P END wird so interpretiert, dass das Programm P sooft ausgeführt wird, wie der Wert der Variablen x_i *zu Beginn* angibt. (Ändern des Variablenwerts von x_i im Inneren von P hat also keinen Einfluss auf die Anzahl der Wiederholungen).

Das *Resultat* der Berechnung eines LOOP-Programms (nach Ausführung des LOOP-Programms) ergibt sich als Wert der Variablen x_0.

> **Definition.** Eine Funktion $f : I\!\!N^k \longrightarrow I\!\!N$ heißt *LOOP-berechenbar*, falls es ein LOOP-Programm P gibt, das f in dem Sinne berechnet, dass P, gestartet mit $n_1, \ldots, n_k$ in den Variablen $x_1, \ldots, x_k$ (und 0 in den restlichen Variablen) stoppt mit dem Wert $f(n_1, \ldots, n_k)$ in der Variablen x_0.

Es ist klar, dass alle LOOP-berechenbaren Funktionen *totale* Funktionen sind, denn jedes LOOP-Programm stoppt zwangsläufig nach endlicher Zeit. (Mit LOOP-Programmen ist es nicht möglich, eine unendliche Schleife zu programmieren). Es stellt sich sofort die Frage, ob alle totalen und intuitiv berechenbaren Funktionen bereits LOOP-berechenbar sind. Wir werden sehen, dass dies nicht der Fall ist: Die *Ackermannfunktion* ist ein Beispiel für eine totale und berechenbare Funktion, die nicht LOOP-berechenbar ist (siehe Abschnitt 2.5).

Die allgemeine Form der Wertzuweisung gestattet auch die Simulation von spezielleren der Form $x_i := x_j$ (man setze $c = 0$) und $x_i := c$ (man verwende für x_j eine weiter nicht benutzte Variable, die noch den Anfangswert 0 hat).

Ebenso ist es einfach, das Konstrukt IF-THEN-ELSE nachzuahmen, etwa wie folgt. Es soll

$$\text{IF } x = 0 \text{ THEN } A \text{ END}$$

simuliert werden. Dies wird erreicht durch

$$y := 1;$$
$$\text{LOOP } x \text{ DO } y := 0 \text{ END};$$
$$\text{LOOP } y \text{ DO } A \text{ END}$$

Kompliziertere IF-Bedingungen kann man dementsprechend formulieren. Bei der Angabe von speziellen LOOP-Programmen verwenden wir im Folgenden solche simulierbare Konstrukte wie IF, um Schreibarbeit zu sparen.

Beispiel: Die Additionsfunktion ist LOOP-berechenbar mittels

$$x_0 := x_1;$$
$$\text{LOOP } x_2 \text{ DO } x_0 := x_0 + 1 \text{ END}$$

Wir nennen dieses Programmstück kurz $x_0 := x_1 + x_2$ und verallgemeinern dies auch auf beliebige andere Variablen-Indizes, etwa $x_i := x_j + x_k$. Die Multiplikationsfunktion ist – basierend auf der Addition – LOOP-berechenbar durch:

$$x_0 := 0;$$
$$\text{LOOP } x_2 \text{ DO } x_0 := x_0 + x_1 \text{ END}$$

Man beachte, dass dies implizit zwei ineinander verschachtelte LOOP-Schleifen sind.

Analog kann man die Operationen MOD und DIV definieren. Wir erlauben uns im Folgenden, LOOP-Programme mit komplizierteren Wertzuweisungen aufzuschreiben, etwa

$$x := (y \text{ DIV } z) + (x \text{ MOD } 5) * y$$

mit dem Verständnis, dass diese Wertzuweisungen in die elementare Form, wie sie von der Definition her vorgesehen ist, umgeschrieben werden können.

Wir erweitern nun die LOOP-Programme noch um ein weiteres Konzept: die WHILE-Schleife, und erhalten dadurch die *WHILE-Programme*.

Die *Syntax* von WHILE-Programmen enthält alle Konzepte, wie sie bei LOOP-Programmen vorkommen, mit folgendem Zusatz:

Falls P ein WHILE-Programm ist und x_i eine Variable, dann ist auch

$$\text{WHILE } x_i \neq 0 \text{ DO } P \text{ END}$$

ein WHILE-Programm.

Die *Semantik* dieses neuen Konstrukts ist so definiert, dass das Programm P solange wiederholt auszuführen ist, wie der Wert von x_i ungleich Null ist.

Es ist klar, dass wir nun nachträglich das Konzept der LOOP-Schleife wieder fallenlassen könnten, denn

$$\text{LOOP } x \text{ DO } P \text{ END}$$

kann simuliert werden durch

$$y := x;$$
$$\text{WHILE } y \neq 0 \text{ DO } y := y - 1; P \text{ END}$$

Definition. Eine Funktion $f : \mathbb{N}^k \longrightarrow \mathbb{N}$ heißt *WHILE-berechenbar*, falls es ein WHILE-Programm P gibt, das f in dem Sinne berechnet, dass P, gestartet mit $n_1, \ldots, n_k$ in den Variablen $x_1, \ldots, x_k$ (und 0 in den restlichen Variablen) stoppt mit dem Wert $f(n_1, \ldots, n_k)$ in der Variablen x_0 – sofern $f(n_1, \ldots, n_k)$ definiert ist, ansonsten stoppt P nicht.

Im Kapitel über Turingmaschinen wurde angedeutet, dass Wertzuweisungen, Sequenzenbildung (Hintereinanderschalten) von Turingmaschinen und WHILE-Schleifen auf einer Mehrband-Turingmaschine simulierbar sind. Hierbei entspricht dem i-ten Band der Turingmaschine gerade die Variable x_i des WHILE-Programms, wobei der Wert einer Variablen auf dem Band in Binärdarstellung dargestellt wird.

Schließlich kann noch jede Mehrband-Turingmaschine wieder durch eine (1-Band-) Turingmaschine simuliert werden.

Mit dieser Diskussion erhalten wir:

> **Satz.**
> TURINGMASCHINEN KÖNNEN WHILE-PROGRAMME SIMULIEREN.
> DAS HEISST, JEDE WHILE-BERECHENBARE FUNKTION IST AUCH
> TURING-BERECHENBAR.

Wir werden gleich sehen, dass auch die Umkehrung gilt. Hierzu betrachten wir noch einen Zwischenschritt: die GOTO-Programme.

GOTO-Programme bestehen aus Sequenzen von Anweisungen A_i, die jeweils durch eine *Marke* M_i eingeleitet werden:

$$M_1 : A_1; \; M_2 : A_2; \; \ldots ; \; M_k : A_k$$

Als mögliche Anweisungen A_i sind zugelassen:

Wertzuweisungen: $x_i := x_j \pm c$

unbedingter Sprung: GOTO M_i

bedingter Sprung: IF $x_i = c$ THEN GOTO M_j

Stopanweisung: HALT

Beim Niederschreiben von GOTO-Programmen lassen wir Marken, die niemals angesprungen werden können (da sie hinter keinem GOTO vorkommen), oft auch weg.

Die Semantik solcher Programme sollte klar sein. (HALT-Anweisungen beenden ein GOTO-Programm – die letzte Anweisung eines GOTO-Programms sollte, wenn es kein GOTO ist, ein HALT sein). GOTO-Berechenbarkeit definiert man dann entsprechend der Definition von WHILE-Berechenbarkeit. Es ist klar, dass GOTO-Programme auch in unendliche Schleifen geraten können (M_1 : GOTO M_1).

Jedes WHILE-Programm kann durch ein GOTO-Programm simuliert werden, denn eine WHILE-Schleife

$$\text{WHILE } x_i \neq 0 \text{ DO } P \text{ END}$$

kann simuliert werden durch:

$$
\begin{aligned}
M_1 : \; &\text{IF } x_i = 0 \text{ THEN GOTO } M_2; \\
&P; \\
&\text{GOTO } M_1 ; \\
M_2 : \; &\ldots
\end{aligned}
$$

Wir fassen zusammen:

> **Satz.**
> JEDES WHILE-PROGRAMM KANN DURCH EIN GOTO-PROGRAMM SI-
> MULIERT WERDEN. DAS HEISST, JEDE WHILE-BERECHENBARE FUNK-
> TION IST AUCH GOTO-BERECHENBAR.

Wir werden nun auch die Umkehrung zeigen, die auf den ersten Blick nicht
ganz offensichtlich ist. Wie simuliert man ein GOTO-Programm durch ein
WHILE-Programm? Gegeben sei ein GOTO-Programm

$$M_1 : A_1; \ M_2 : A_2; \ \dots ; M_k : A_k$$

Wir simulieren dies durch ein WHILE-Programm mit *nur einer* WHILE-
Schleife wie folgt (hierbei beobachten wir, dass IF-Abfragen durch LOOP-
Programme ersetzt werden können, also kein WHILE benötigen):

$$
\begin{aligned}
&count := 1; \\
&\textbf{WHILE } count \neq 0 \textbf{ DO} \\
&\qquad \text{IF } count = 1 \text{ THEN } A_1' \text{ END;} \\
&\qquad \text{IF } count = 2 \text{ THEN } A_2' \text{ END;} \\
&\qquad \vdots \\
&\qquad \text{IF } count = k \text{ THEN } A_k' \text{ END} \\
&\textbf{END}
\end{aligned}
$$

Hierbei ist A_i' folgendermaßen definiert:

$$
A_i' =
\begin{cases}
x_j := x_l \pm c; \ count := count+1 & \text{falls } A_i = x_j := x_l \pm c \\[4pt]
count := n & \text{falls } A_i = \text{GOTO } M_n \\[4pt]
\begin{aligned}&\text{IF } x_j = c \text{ THEN } count := n \\ &\text{ELSE } count := count + 1 \text{ END}\end{aligned} & \text{falls } A_i = \begin{aligned}&\text{IF } x_j = c \\ &\text{THEN GOTO } M_n\end{aligned} \\[4pt]
count := 0 & \text{falls } A_i = \text{HALT}
\end{cases}
$$

Die IF-Abfragen können, wie oben beschrieben, durch LOOP-Schleifen ersetzt werden. Wir fassen zusammen:

> **Satz.**
> JEDES GOTO-PROGRAMM KANN DURCH EIN WHILE-PROGRAMM
> (MIT NUR EINER WHILE-SCHLEIFE) SIMULIERT WERDEN. AL-
> SO IST JEDE GOTO-BERECHENBARE FUNKTION AUCH WHILE-
> BERECHENBAR.

Wir heben den Aspekt, dass die Simulation mit nur einer WHILE-Schleife auskommt, im folgenden Satz besonders hervor.

Satz. (KLEENESCHE NORMALFORM FÜR WHILE-PROGRAMME)
JEDE WHILE-BERECHENBARE FUNKTION KANN DURCH EIN WHILE-PROGRAMM MIT NUR EINER WHILE-SCHLEIFE BERECHNET WERDEN.

Beweis: Sei ein beliebiges WHILE-Programm P zur Berechnung einer Funktion f gegeben. Wir formen P zunächst um in ein äquivalentes GOTO-Programm P' und dann wieder zurück in ein äquivalentes WHILE-Programm P''. Dieses hat nur noch eine WHILE-Schleife. ■

Als Nächstes zeigen wir noch, dass Turingmaschinen durch GOTO-Programme simuliert werden können und haben damit durch einen Ringschluss alle im folgenden Diagramm eingetragenen Pfeile bewiesen.

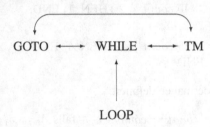

Es gilt also, dass Turing-Berechenbarkeit, WHILE-Berechenbarkeit und GOTO-Berechenbarkeit ein und dasselbe sind, während die LOOP-berechenbaren Funktionen eine *echte* Teilmenge der WHILE-berechenbaren Funktionen (sogar der *totalen* WHILE-berechenbaren Funktionen) ausmachen (wie wir später noch sehen werden).

Sei $M = (Z, \Sigma, \Gamma, \delta, z_1, \Box, E)$ eine Turingmaschine zur Berechnung einer Funktion f. Wir simulieren M durch ein GOTO-Programm, das folgendermaßen aufgebaut ist:

$$M_1 : P_1; \ M_2 : P_2; \ M_3 : P_3$$

Hierbei transformiert P_1 die eingegebenen Anfangswerte der Variablen in Binärdarstellung und erzeugt eine Darstellung der Startkonfiguration von M, die sich in den Variablenwerten dreier Variablen x, y, z widerspiegelt. Wir geben diese Codierung von Turingmaschinen-Konfigurationen in drei natürliche Zahlen gleich im Detail an.

P_2 führt eine Schritt-für-Schritt-Simulation der Rechnung von M durch – durch entsprechendes Verändern der Variablenwerte von x, y, z.

P_3 schließlich erzeugt aus der codierten Form der Endkonfiguration in x, y, z die eigentliche Ausgabe in der Ausgabevariablen x_0.

Man beachte, dass P_1 und P_3 gar nicht von M's Überführungsfunktion δ abhängen, sondern nur P_2.

Seien die Mengen Z und Γ durchnummeriert:

$$Z = \{z_1, \ldots, z_k\}$$

und

$$\Gamma = \{a_1, \ldots, a_m\}$$

Sei außerdem b eine Zahl mit $b > |\Gamma|$. Dann repräsentieren wir eine Turingmaschinen-Konfiguration

$$a_{i_1} \ldots a_{i_p} z_l a_{j_1} \ldots a_{j_q}$$

dadurch, dass die drei Programmvariablen x, y, z die Werte

$$
\begin{aligned}
x &= (i_1 \ldots i_p)_b \\
y &= (j_q \ldots j_1)_b \\
z &= l
\end{aligned}
$$

annehmen. Hierbei bedeutet $(i_1 \ldots i_p)_b$ die Zahl $i_1 \ldots i_p$ in b-närer Darstellung, also:

$$x = \sum_{\mu=1}^{p} i_\mu \cdot b^{p-\mu}$$

Analoges gilt für y (die Ziffern stehen hier jedoch in umgekehrter Reihenfolge).

Das GOTO-Programmstück M_2 : P_2 hat nun folgende Form:

M_2 : $a := y$ MOD b ;
  IF $(z = 1)$ AND $(a = 1)$ THEN GOTO M_{11} ;
  IF $(z = 1)$ AND $(a = 2)$ THEN GOTO M_{12} ;
  $\vdots$
  IF $(z = k)$ AND $(a = m)$ THEN GOTO M_{km} ;
M_{11} : $\star$
  GOTO M_2 ;
M_{12} : $\star$
  GOTO M_2 ;
  $\vdots$
M_{km} : $\star$
  GOTO M_2 ;

Wir beschreiben nun, was an den durch $\star$ bezeichneten Stellen passiert. Greifen wir repräsentativ das Programmstück, das mit der Marke M_{ij} beginnt, heraus. Nehmen wir an, dass die entsprechende δ-Anweisung lautet:

$$\delta(z_i, a_j) = (z_{i'}, a_{j'}, L)$$

Dies kann durch folgende Anweisungen simuliert werden:

$$z := i';$$
$$y := y \text{ DIV } b;$$
$$y := b * y + j';$$
$$y := b * y + (x \text{ MOD } b);$$
$$x := x \text{ DIV } b;$$

Entsprechend kann man sich die anderen Fälle vorstellen. Falls z_i Endzustand ist, so beenden wir $\star$ einfach durch

$$\text{GOTO } M_3;$$

Die Konstruktionen von P_1 und P_3 sind einfach und werden hier nicht ausgeführt.

Wir fassen zusammen:

Satz.
GOTO-PROGRAMME KÖNNEN TURINGMASCHINEN SIMULIEREN. ALSO IST JEDE TURING-BERECHENBARE FUNKTION AUCH GOTO-BERECHENBAR.

2.4 Primitiv rekursive und μ-rekursive Funktionen

Einer der historisch ersten Ansätze, den Berechenbarkeitsbegriff zu fassen – zeitlich parallel zu Turings Ansatz – definiert induktiv eine Klasse von Funktionen, indem zunächst verschiedene Anfangsfunktionen angegeben werden, die per Definition in der Klasse enthalten sind. Sodann werden verschiedene Prinzipien angegeben, wie aus Funktionen, die in der Klasse liegen, neue Funktionen gewonnen werden können.

Definition. Die Klasse der *primitiv rekursiven Funktionen* (auf den natürlichen Zahlen) ist induktiv wie folgt definiert:

1. Alle konstanten Funktionen sind primitiv rekursiv.

2. Alle identischen Abbildungen (Projektionen) sind primitiv rekursiv. (Hierunter fällt beispielsweise auch eine dreistellige Funktion, die auf die zweite Komponente abbildet).

3. Die Nachfolgerfunktion $s(n) = n + 1$ auf den natürlichen Zahlen ist primitiv rekursiv.

4. Jede Funktion, die durch *Einsetzung* (Komposition) von primitiv rekursiven Funktionen entsteht, ist selber auch primitiv rekursiv.

5. Jede Funktion, die durch so genannte *primitive Rekursion* aus primitiv rekursiven Funktionen entsteht, ist primitiv rekursiv. Primitive Rekursion bedeutet, dass die Definition von $f(n+1, \ldots)$ zurückgeführt wird auf $f(n, \ldots)$. Formaler, f muss ein Gleichungssystem der folgenden Form erfüllen:

$$\begin{aligned} f(0, \ldots) &= g(\ldots) \\ f(n+1, \ldots) &= h(f(n, \ldots), \ldots) \end{aligned}$$

wobei g, h bereits primitiv rekursive Funktionen sind.

Die Funktionen, die nach 1.,2.,3. primitiv rekursiv sind, nennen wir die *Basisfunktionen*.

Beispiel: Die Additionsfunktion $add : \mathbb{N}^2 \longrightarrow \mathbb{N}$ ist primitiv rekursiv, denn sie kann dargestellt werden als

$$\begin{aligned} add(0, x) &= x \quad \text{(identische Abbildung)} \\ add(n+1, x) &= s(add(n, x)) \quad \text{(s ist die Nachfolgerfunktion)} \end{aligned}$$

Das heißt, die Additionsfunktion lässt sich mittels primitiver Rekursion definieren, basierend auf einer identischen Abbildung und der Nachfolgerfunktion.

Ähnlich lässt sich die Multiplikation definieren, basierend auf einer konstanten Funktion und der Additionsfunktion.

$$mult(0, x) = 0 \text{ (konstante Funktion)}$$
$$mult(n + 1, x) = add(mult(n, x), x)$$

Bemerkung: Die Projektionsfunktionen nach 2. werden insbesondere dafür benötigt, um den formalen Nachweis der primitiven Rekursivität zu führen für Funktionen, die aus anderen primitiv rekursiven Funktionen durch Vertauschen oder Identifikation von Parametern definiert werden. Sei beispielsweise $f(v, w, x, y)$ primitiv rekursiv. Dann ist es auch die Funktion $g(a, b, c) = f(b, b, c, a)$, denn g kann formal durch eine entsprechende Einsetzung definiert werden:

$$g(a, b, c) = f(\pi_2^3(a, b, c), \pi_2^3(a, b, c), \pi_3^3(a, b, c), \pi_1^3(a, b, c))$$

Hierbei ist π_i^n eine n-stellige Funktion, die auf die i-te Komponente abbildet (und ist primitiv rekursiv gemäß 2.). Insbesondere heißt dies auch, dass die Rekursion bei 5. nicht notwendigerweise über das *erste* Argument laufen muss.

Es ist einsichtig, dass alle primitiv rekursiven Funktionen intuitiv berechenbare Funktionen sind, denn die Basisfunktionen (gemäß 1., 2. und 3.) sind berechenbar und sowohl die Einsetzung (gemäß 4.) als auch die primitive Rekursion (gemäß 5.) erzeugen aus berechenbaren Funktionen wieder solche. Außerdem ist klar, dass primitiv rekursive Funktionen immer totale (d.h. überall definierte) Funktionen sind. Die Frage, ob *primitiv rekursiv = total und berechenbar* ist jedoch negativ zu beantworten, wie wir bald sehen werden.

Zur Vorbereitung des folgenden Satzes benötigen wir noch den Nachweis der primitiven Rekursivität von ein paar weiteren speziellen, weniger populären Funktionen als die Addition und die Multiplikation. Die Auswahl der folgenden Funktionen erfolgt nur deshalb, um den Beweis des nachfolgenden Satzes zu ermöglichen.

Die Funktion $u(n) = \max(n - 1, 0)$ ist primitiv rekursiv, denn es gilt

$$u(0) = 0$$
$$u(n + 1) = n$$

Mittels u und primitiver Rekursion kann man die (modifizierte) Subtraktion definieren:

$$sub(x, 0) = x$$
$$sub(x, y + 1) = u(sub(x, y))$$

Die einstellige Funktion $\binom{n}{2} = \frac{n(n-1)}{2}$ ist primitiv rekursiv, denn sie kann durch das Schema der primitiven Rekursion, basierend auf der Addition, definiert werden:

$$\binom{0}{2} = 0$$
$$\binom{n+1}{2} = \binom{n}{2} + n$$

Aus dieser Funktion können wir durch Einsetzungen die folgende zweistellige Funktion c zusammensetzen, welche somit auch primitiv rekursiv ist.

$$c(x, y) = \binom{x + y + 1}{2} + x$$

Das Interessante an dieser Funktion ist, dass sie eine Bijektion zwischen $I\!N^2$ und $I\!N$ darstellt. Die folgende Tabelle listet einige Funktionswerte von c auf.

$x \longrightarrow$

		0	1	2	3	4
y	0	0	2	5	9	14
$\downarrow$	1	1	4	8	13	19
	2	3	7	12	18	25
	3	6	11	17	24	32
	4	10	16	23	31	40

Wir können diese Funktion also verwenden, um Paare von natürlichen Zahlen in eine einzelne Zahl zu codieren. Dieses Prinzip können wir verallgemeinern für beliebige $(k + 1)$-Tupel von natürlichen Zahlen (für festes k):

$$\langle n_0, n_1, \ldots, n_k \rangle := c(n_0, c(n_1, \ldots, c(n_k, 0) \ldots))$$

Daher ist auch $\langle \, \rangle$ primitiv rekursiv. Was wir als Nächstes brauchen sind die beiden Umkehrfunktionen von c, die wir mit e, f bezeichnen wollen. Es soll gelten:

$$e(c(x, y)) = x, \quad f(c(x, y)) = y, \quad c(e(n), f(n)) = n$$

Durch entsprechendes Einsetzen dieser Funktionen erhalten wir dann auch Umkehrfunktionen $d_0, d_1, \ldots, d_k$ für die $(k+1)$-stellige Codierfunktion $\langle\ \rangle$:

$$d_0(n) = e(n)$$
$$d_1(n) = e(f(n))$$
$$\vdots$$
$$d_k(n) = e(\underbrace{f(f(\ldots f}_{k\text{-mal}}(n)\ldots)))$$

Unser nächstes Ziel besteht in dem Nachweis der primitiven Rekursivität der Funktionen e, f. Hierzu müssen wir ein wenig ausholen. Wir wollen im Folgenden den Begriff der primitiven Rekursivität auch auf Prädikate anwenden. Ein Prädikat heiße primitiv rekursiv, wenn die zugeordnete 0-1-wertige charakteristische Funktion primitiv rekursiv ist. Im folgenden identifizieren wir ein Prädikat mit seiner charakteristischen Funktion und führen hierfür keine neue Notation ein.

Gegeben sei ein einstelliges Prädikat $P(x)$, so kann man eine einstellige Funktion $q(n)$ durch Anwendung des so genannten *beschränkten max-Operators* auf P definieren:

$$q(n) := \max\{x \le n \mid P(x)\}$$

Für das Folgende ist unerheblich, wie q definiert ist, wenn das Maximum nicht existiert. Die Funktion q soll aber eine totale Funktion sein, daher legen wir in diesem Fall den Funktionswert (willkürlich) mit 0 fest. (Man kann die Definition ohne weiteres auf den Fall erweitern, dass P weitere Parameter hat; diese Parameter muss dann die Funktion q auch haben). Man kann q mittels primitiver Rekursion, basierend auf P, definieren:

$$q(0) = 0$$
$$q(n+1) = \begin{cases} n+1, & \text{falls } P(n+1), \\ q(n), & \text{sonst} \end{cases}$$
$$= q(n) + P(n+1) * (n+1-q(n))$$

Die letzte Zeile, die die primitiv rekursiven Funktionen Addition, Subtraktion, Multiplikation verwendet, zeigt, dass auch q primitiv rekursiv ist, sofern es P ist.

In ähnlicher Weise kann man den *beschränkten Existenzquantor* einführen, der aus einem gegebenen einstelligen Prädikat $P(x)$ ein neues einstelliges Prädikat $Q(n)$ definiert, wobei $Q(n)$ genau dann gilt, wenn es ein $x \le n$ gibt mit $P(x)$. (Auch hier könnten P und Q weitere Parameter haben).

$$Q(0) = P(0)$$
$$Q(n+1) = P(n+1) + Q(n) - P(n+1) * Q(n)$$

Aus diesem primitiven Rekursionsschema sieht man, dass auch Q primitiv rekursiv ist, falls es P ist.

Mit diesen Hilfsmitteln (beschränkter Existenzquantor und beschränkter max-Operator) lassen sich die beiden Umkehrfunktionen e und f angeben

$$e'(n, m, k) = \max\{x \leq n \mid \exists y \leq k : c(x, y) = m\}$$
$$e(n) = e'(n, n, n)$$
$$f'(n, m, k) = \max\{y \leq n \mid \exists x \leq k : c(x, y) = m\}$$
$$f(n) = f'(n, n, n)$$

womit klar ist, dass e, f (und damit auch $d_0, d_1, \ldots, d_k$) primitiv rekursive Funktionen sind. Die primitive Rekursivität des dreistelligen Prädikats „$c(x, y) = m$" ergibt sich leicht aus der von c. Man beachte, dass bei dieser Darstellung der Funktionen e, f die Bijektivität von c ausgenützt wird.

Nach diesen technischen Vorbereitungen können wir den folgenden Satz beweisen.

Satz.
DIE KLASSE DER PRIMITIV REKURSIVEN FUNKTIONEN STIMMT GENAU MIT DER KLASSE DER LOOP-BERECHENBAREN FUNKTIONEN ÜBEREIN.

Beweis: Sei $f : I\!N^r \longrightarrow I\!N$ LOOP-berechenbar. Also gibt es ein LOOP-Programm P, das f berechnet. Die in P vorkommenden Programmvariablen seien $x_0, x_1, \ldots, x_k$, $k \geq r$. Wir zeigen per Induktion über den Aufbau von P, dass es eine primitiv rekursive Funktion $g_P : I\!N \longrightarrow I\!N$ gibt, die die Wirkung von P auf die Werte der Programmvariablen im folgenden Sinne beschreibt: Wenn $a_0, a_1, \ldots, a_k$ die Werte der Variablen zu Beginn sind, so gilt

$$g_P(\langle a_0, a_1, \ldots, a_k \rangle) = \langle b_0, b_1, \ldots, b_k \rangle$$

wobei $b_0, b_1, \ldots, b_k$ die Werte der Programmvariablen nach Ausführung von P sind.

Falls P die Form hat $x_i := x_j + c$ oder $x_i := x_j - c$, so ist

$$g_P(n) = \langle d_0(n), \ldots, d_{i-1}(n), d_j(n) \pm c, d_{i+1}(n), \ldots, d_k(n) \rangle$$

Falls P die Form hat $Q; R$ so gilt $g_P(n) = g_R(g_Q(n))$, wobei g_Q, g_R nach Induktionsvoraussetzung existieren. Also ist g_P primitiv rekursiv, da diese Funktion durch Komposition von primitiv rekursiven Funktionen entsteht.

Falls P die Form hat LOOP x_i DO Q END, so definieren wir zunächst durch primitive Rekursion (basierend auf g_Q) eine zweistellige Funktion h:

$$h(0, x) = x$$
$$h(n + 1, x) = g_Q(h(n, x))$$

Hierbei gibt $h(n, x)$ offensichtlich den Zustand der Programmvariablen $x = \langle x_0, \ldots, x_k \rangle$ nach n Anwendungen von Q wieder. Die gesuchte Funktion g_P ergibt sich dann durch Einsetzung wie folgt:

$$g_P(n) = h(d_i(n), n).$$

Damit ergibt sich nun leicht, dass die LOOP-berechenbare Funktion f, von der wir ausgegangen sind, primitiv rekursiv ist. Da $f(n_1, \ldots, n_r)$ der Wert der Programmvariablen x_0 nach Ausführung von P ist, gilt

$$f(n_1, \ldots, n_r) = d_0(g_P(\langle 0, n_1, \ldots, n_r, \underbrace{0, \ldots, 0}_{k-r} \rangle)).$$

Die Umkehrung zeigen wir durch eine Induktion über den Aufbau der primitiv rekursiven Funktionen. Die Basisfunktionen sind offensichlich LOOP-berechenbar.

Falls f durch eine Einsetzung aus anderen primitiv rekursiven Funktionen hervorgeht, für die nach Induktionsvoraussetzung bereits LOOP-Programme existieren, so kann f im Wesentlichen dadurch LOOP-berechnet werden, dass diese LOOP-Programme geeignet hintereinander ausgeführt werden (und dazwischen die Eingabezahlen und die „Zwischenergebnisse" in separaten Variablen bis zur Wiederverwendung zwischengespeichert werden).

Falls f durch eine primitive Rekursion definiert ist, und somit die folgende allgemeine Form hat

$$f(0, x_1, \ldots, x_r) = g(x_1, \ldots, x_r)$$
$$f(n + 1, x_1, \ldots, x_r) = h(f(n, x_1, \ldots, x_r), n, x_1, \ldots, x_r)$$

so kann f durch ein LOOP-Programm mit einer (weiteren) LOOP-Schleife berechnet werden:

$y := g(x_1, \ldots, x_r); k := 0;$
LOOP n DO $y := h(y, k, x_1, \ldots, x_r); k := k + 1$ END

wobei zur Berechnung von g und h bereits entsprechende LOOP-Programme nach Induktionsvoraussetzung zur Verfügung stehen. ∎

Eine echte Erweiterung der Klasse der primitiv rekursiven Funktionen wird durch Hinzunahme des so genannten μ-*Operators* erreicht. Sei f eine gegebene $k + 1$-stellige Funktion. Die durch Anwendung des μ-Operators auf f entstehende Funktion ist $g : I\!N^k \longrightarrow I\!N$ mit

$$g(x_1,\ldots,x_k) = \min\left\{ n \ \middle| \ \begin{array}{l} f(n,x_1,\ldots,x_k) = 0 \text{ und für alle } m < n \\ \text{ist } f(m,x_1,\ldots,x_k) \text{ definiert} \end{array} \right\}$$

Hierbei wird $\min\emptyset = $ *undefiniert* gesetzt. Das heißt, durch Anwenden des μ-Operators können wirklich partielle Funktionen entstehen. Beispielsweise entsteht durch Anwendung des μ-Operators auf die zweistellige, konstante Funktion $f(x,y) = 1$ die vollständig undefinierte Funktion Ω. Mit μf: $I\!N^k \longrightarrow I\!N$ bezeichnen wir die solcherart über die $(k + 1)$-stellige Funktion f definierte Funktion.

> **Definition.** Die Klasse der μ-rekursiven Funktionen ist die kleinste Klasse von (evtl. partiellen) Funktionen, die die Basisfunktionen (konstante Funktionen, identische Abbildungen, Nachfolgerfunktion) enthält und abgeschlossen ist unter Einsetzung, primitiver Rekursion und Anwendung des μ-Operators.

Es gilt der folgende Satz:

> **Satz.**
> DIE KLASSE DER μ-REKURSIVEN FUNKTIONEN STIMMT GENAU MIT DER KLASSE DER WHILE- (GOTO-, TURING-) BERECHENBAREN FUNKTIONEN ÜBEREIN.

Beweis: Dieser Beweis ist als Ergänzung zum vorigen zu verstehen. Es verbleibt gegenüber dem vorigen Beweis nur noch der Fall des μ-Operators und der WHILE-Schleife zu behandeln. Falls P ein WHILE-Programm der Form WHILE $x_i \neq 0$ DO Q END ist, so können wir, wie im vorigen Beweis, zunächst eine zweistellige Funktion h definieren, so dass $h(n,x)$ den Zustand der Programmvariablen $x = \langle x_0,\ldots,x_k \rangle$ nach n Ausführungen von Q wiedergibt. Dann setzen wir

$$g_P(x) = h(\mu(d_i h)(x), x)$$

Man beachte, dass $\mu(d_i h)(x)$ gerade die minimale Wiederholungszahl des Programms Q liefert, so dass x_i den Wert 0 erhält.

Sei umgekehrt die Funktion g mittels μ-Operator definiert, also $g = \mu f$ für eine Funktion f, für die nach Induktionsvoraussetzung ein WHILE-Programm existiert. Dann berechnet das folgende Programm die Funktion g:

$$x_0 := 0; \ y := f(0, x_1, \ldots, x_n);$$
$$\text{WHILE } y \neq 0 \text{ DO}$$
$$\quad x_0 := x_0 + 1; \ y := f(x_0, x_1, \ldots, x_n);$$
$$\text{END}$$
■

Satz. (KLEENE)
FÜR JEDE n-STELLIGE μ-REKURSIVE FUNKTIONEN f GIBT ES ZWEI $(n + 1)$-STELLIGE, PRIMITIV REKURSIVE FUNKTIONEN p UND q, SO DASS SICH f DARSTELLEN LÄSST ALS

$$f(x_1, \ldots, x_n) = p(x_1, \ldots, x_n, \mu q(x_1, \ldots, x_n))$$

HIERBEI IST μq DIE DURCH ANWENDUNG DES μ-OPERATORS AUF q ENTSTEHENDE (n-STELLIGE) FUNKTION.

Beweis: Jede μ-rekursive Funktion kann durch ein WHILE-Programm mit nur einer WHILE-Schleife berechnet werden. Bei der Rück-Umformung vom WHILE-Programm zur μ-rekursiven Funktion entsteht dann eine Funktion der angegebenen Bauart. ■

2.5 Die Ackermannfunktion

Ackermann gab 1928 eine Funktion an, die zwar intuitiv berechenbar (also auch WHILE-berechenbar, vgl. Churchsche These) ist, jedoch *nicht* LOOP-berechenbar (bzw. primitiv rekursiv) ist.

In der später von Hermes noch vereinfachten Version ist diese Funktion wie folgt definiert:

$$
\begin{aligned}
a(0, y) &= y + 1, \\
a(x, 0) &= a(x - 1, 1), & x > 0, \\
a(x, y) &= a(x - 1, a(x, y - 1)), & x, y > 0.
\end{aligned}
$$

Durch Induktion nach dem ersten Argument dieser Funktion überzeugt man sich davon, dass diese für alle Werte von x, y definiert ist, dass also a eine *totale* Funktion von N^2 nach N ist. Für $x = 0$ und beliebiges y ist $a(x, y)$ direkt definiert, und für $x > 1$ wird die Definition von $a(x, y)$ auf die Kombination verschiedener Werte von $a(x - 1, ...)$ zurückgeführt, welche nach Induktionsvoraussetzung bereits definiert sind. Wenn man nämlich nach der dritten Zeile der Definition entwickelt (und am Ende einmal die zweite Zeile der Definition anwendet), so erhält man

$$a(x, y) = \underbrace{a(x - 1, a(x - 1, \ldots a(x - 1, 1) \ldots))}_{(y + 1)\text{-mal}}$$

Dass a im intuitiven Sinne berechenbar ist, ist klar. Zum Beispiel kann a mittels folgender rekursiver MODULA-Prozedur berechnet werden, die sich unmittelbar an der rekursiven Definition orientiert:

```
PROCEDURE a ( x, y : CARDINAL ) : CARDINAL ;
BEGIN
  IF x = 0 THEN RETURN y + 1
  ELSIF y = 0 THEN RETURN a(x − 1, 1)
  ELSE RETURN a(x − 1, a(x, y − 1));
  END; (* IF *)
END a
```

Man könnte nun sagen: Aufgrund der Churchschen These ist a auch WHILE-berechenbar. Ein formaler Beweis hierzu folgt jedoch etwas weiter unten.

Wir beweisen nun eine Reihe kleinerer Lemmas über die Funktion a, insbesondere was ihre Monotonie-Eigenschaften anbetrifft.

Lemma A. $y < a(x, y)$.

Beweis durch Induktion nach x. Für $x = 0$ gilt $0 < y + 1 = a(0, y)$. Wir nehmen nun an, die Behauptung $y < a(x, y)$ gelte für ein beliebiges, festes x (und alle y). Wir müssen jetzt $y < a(x + 1, y)$ für alle y zeigen. Wir fahren mit einer Induktion nach y fort: Nach Induktionsvoraussetzung (für x) gilt $1 < a(x, 1)$, daher ist nach Definition von a, $0 < 1 < a(x+1, 0)$. Dies war der Induktionsanfang. Nehmen wir nun an, die Behauptung gelte für $x + 1$ und y, also $y < a(x+1, y)$. Wir müssen zeigen, dass dann $y+1 < a(x+1, y+1)$ folgt. Wir setzen in die Induktionsannahme für x den speziellen Wert $a(x + 1, y)$ für das zweite Argument ein und erhalten $a(x + 1, y) < a(x, a(x + 1, y)) =$

$a(x+1, y+1)$. Zusammen mit der Induktionsannahme für y ergibt sich $y+1 <$ $a(x+1, y+1)$.   ∎

Lemma B. $a(x, y) < a(x, y+1)$.

Beweis: Für $x = 0$ ist $a(0, y) = y + 1 < y + 2 = a(0, y + 1)$. Für $x > 0$ verwenden wir Lemma A, indem wir $x - 1$ und $a(x, y)$ einsetzen: $a(x, y) < a(x-1, a(x, y))$. Hieraus ergibt sich nach Definition von a, $a(x, y) < a(x, y+1)$.   ∎

Lemma C. $a(x, y + 1) \leq a(x + 1, y)$.

Beweis durch Induktion nach y. Der Induktionsanfang ist klar nach der Definition von a. Nach Lemma A ist $y + 1 < a(x, y + 1)$. Also ist $y + 2 \leq a(x, y+1) \leq a(x+1, y)$ nach Induktionsannahme. Mit Lemma B und der Definition von a ergibt sich dann $a(x, y+2) \leq a(x, a(x+1, y)) = a(x+1, y+1)$.   ∎

Lemma D. $a(x, y) < a(x + 1, y)$.

Beweis: Mit Lemma B und Lemma C erhalten wir: $a(x, y) < a(x, y + 1) \leq a(x + 1, y)$.   ∎

Mit Lemma B und D können wir nun eine allgemeine Monotonie-Eigenschaft formulieren: für alle $x \leq x'$ und $y \leq y'$ gilt $a(x, y) \leq a(x', y')$.

Als Nächstes ordnen wir jedem LOOP-Programm P eine Funktion f_P : $\mathbb{N} \longrightarrow \mathbb{N}$ zu. Seien hierzu $x_0, x_1 \ldots, x_k$ die in P vorkommenden Variablen. In der folgenden Definition bezeichnet n_i den Startwert der Variablen x_i und n_i' den zugehörigen Endwert nach Ablauf des Programms P.

Wir setzen nun:

$$f_P(n) = \max\{\sum_{i \geq 0} n_i' \mid \sum_{i \geq 0} n_i \leq n\}$$

In Worten gibt also $f_P(n)$ die größtmögliche Summe aller Variablenendwerte an, wenn P mit Anfangswerten gestartet wird, die in der Summe n nicht übersteigen. (Man beachte, dass nicht-verwendete Variablen den Wert 0 haben und daher den Wert der Summe nicht beeinflussen).

Lemma E. Für jedes LOOP-Programm P gibt es eine Konstante k, so dass für alle n gilt: $f_P(n) < a(k, n)$.

Beweis: Durch Induktion über den Aufbau des LOOP-Programms P.

Falls P die Form einer Wertzuweisung hat, $x_i := x_j \pm c$, so können wir ohne Beschränkung der Allgemeinheit annehmen, dass $c \in \{0, 1\}$. Dann gilt $f_P(n) \leq 2n + 1$. Dann ist $f_P(n) < a(2, n)$, denn durch eine einfache Induktion nach y sieht man sofort, dass $a(1, y) = y + 2$ und $a(2, y) = 2y + 3$ gilt. Wähle also $k = 2$.

Falls P die Form hat $P_1; P_2$, so gibt es nach Induktionsvoraussetzung Konstanten k_1, k_2, so dass gilt:

$$f_{P_1}(n) < a(k_1, n), \quad f_{P_2}(n) < a(k_2, n).$$

Mit $k_3 := \max\{k_1 - 1, k_2\}$ gilt nun die Abschätzung:

$$
\begin{aligned}
f_P(n) &\leq f_{P_2}(f_{P_1}(n)) \\
&< a(k_2, a(k_1, n)) \\
&\leq a(k_3, a(k_3 + 1, n)) \quad \text{(Monotonie)} \\
&= a(k_3 + 1, n + 1) \quad \text{(Definition von } a) \\
&\leq a(k_3 + 2, n) \quad \text{(Lemma B)}
\end{aligned}
$$

Wähle also $k = k_3 + 2$.

Falls P die Form hat LOOP x_i DO Q END, so gibt es nach Induktionsvoraussetzung eine Konstante k_1 so, dass $f_Q(n) < a(k_1, n)$ für alle n gilt. Wir können ohne Beschränkung der Allgemeinheit annehmen, dass die Variable x_i in Q nicht vorkommt. Die Funktion $f_P(n)$ wird durch eine Maximumsbildung definiert. Sei $m \leq n$ eine Wahl für den Variablenwert x_i, bei der das Maximum eingenommen wird. Falls $m = 0$, so gilt $f_P(n) = n < a(0, n)$, und falls $m = 1$, so gilt $f_P(n) \leq f_Q(n) < a(k_1, n)$, und wir sind fertig. Sei nun $m \geq 2$. Da x_i in Q nicht vorkommt, können wir abschätzen:

$$
\begin{aligned}
f_P(n) &\leq \underbrace{f_Q(f_Q(\ldots f_Q}_{m\text{-mal}}(n - m)\ldots)) + m \\
&< a(k_1, \underbrace{f_Q(f_Q(\ldots f_Q}_{(m-1)\text{-mal}}(n - m)\ldots)) + m \\
&\;\;\vdots \\
&< \underbrace{a(k_1, a(k_1, \ldots a(k_1}_{m\text{-mal}}, n - m)\ldots)) + m
\end{aligned}
$$

Da m-mal ein Kleiner-Zeichen vorkommt, erhalten wir:

$$
\begin{aligned}
f_P(n) &\leq \underbrace{a(k_1, a(k_1, \ldots a(k_1}_{m\text{-mal}}, n - m) \ldots)) \\
&< \underbrace{a(k_1, \ldots a(k_1}_{(m-1)\text{-mal}}, a(k_1 + 1, n - m) \ldots)) \\
&= a(k_1 + 1, n - 1) \qquad \text{(Definition von } a) \\
&< a(k_1 + 1, n) \qquad \text{(Monotonie)}
\end{aligned}
$$

Wähle also $k = k_1 + 1$.   ∎

Satz.
DIE ACKERMANNFUNKTION a IST NICHT LOOP-BERECHENBAR.

Beweis: Angenommen, a ist LOOP-berechenbar, dann ist auch die Funktion $g(n) = a(n, n)$ LOOP-berechenbar. Sei P ein LOOP-Programm für g. Es gilt $g(n) \leq f_P(n)$. Zu P wählen wir gemäß Lemma E eine Konstante k, so dass für alle n gilt:

$$
f_P(n) < a(k, n)
$$

Für $n = k$ speziell ergibt sich

$$
g(k) \leq f_P(k) < a(k, k) = g(k)
$$

was ein Widerspruch ist. Damit folgt, dass a nicht LOOP-berechenbar ist. ∎

Als Nächstes zeigen wir, dass a nicht nur im intuitiven Sinn berechenbar ist, sondern auch im formalen Sinn der WHILE-Berechenbarkeit.

Als Zwischenschritt geben wir zunächst ein Programm für a an, das mit den Stackoperationen PUSH und POP operiert. Hierbei bedeutet PUSH(x, s), dass das Element x auf den Stack s gelegt wird, und $y :=$POP(s) bedeutet, dass das oberste Stackelement von s entfernt und y zugewiesen wird. Als Nächstes zeigen wir dann, wie man diese Operationen durch ein WHILE-Programm simulieren kann.

```
INPUT(x, y);
INIT(stack);
PUSH(x, stack);
PUSH(y, stack);
WHILE size(stack) ≠ 1 DO
  y := POP(stack);
  x := POP(stack);
  IF x = 0 THEN PUSH(y + 1, stack)
    ELSIF y = 0 THEN PUSH(x − 1, stack); PUSH(1, stack)
    ELSE PUSH(x − 1, stack); PUSH(x, stack); PUSH(y − 1, stack);
  END {IF}
END {WHILE};
result := POP(stack);
OUTPUT(result)
```

Wir skizzieren nun, wie die Stackoperationen durch ein WHILE-Programm simuliert werden können. Hierzu verwenden wir die Codierungsfunktion $c: I\!N^2 \longrightarrow I\!N$ und ihre Umkehrfunktionen e, f, die im vorigen Abschnitt definiert wurde. Diese Funktionen sind primitiv rekursiv, und damit auch LOOP-(und erst recht WHILE-) berechenbar.

Sei $(n_1, n_2, \ldots, n_k)$ der Inhalt eines Stacks, wobei n_1 das oberste Stackelement ist. Mit Hilfe der Funktion c stellen wir eine solche Zahlenfolge durch eine einzige Zahl n wie folgt dar:

$$n = c(n_1, c(n_2, \ldots, c(n_k, 0) \ldots))$$

Die Stackoperationen sind nun leicht programmierbar:

INIT(stack) wird simuliert durch: $n := 0$

PUSH(a, stack) wird simuliert durch: $n := c(a, n)$

POP(stack) wird simuliert durch:

$$
\begin{aligned}
r &:= e(n); \\
n &:= f(n); \\
&\text{RETURN } r
\end{aligned}
$$

Die Abfrage „size(stack)≠1" kann simuliert werden durch: $f(n) \neq 0$

Durch diese Hinweise ist klar, dass a WHILE-berechenbar ist. Wir fassen zusammen:

Satz.
ES GIBT TOTALE, WHILE-BERECHENBARE FUNKTIONEN, DIE NICHT
LOOP-BERECHENBAR SIND.

2.6 Halteproblem, Unentscheidbarkeit, Reduzierbarkeit

Der Berechenbarkeitsbegriff ist auf Funktionen zugeschnitten. Wir wollen
nun einen entsprechenden Begriff für Sprachen (bzw. Teilmengen von $I\!N$)
einführen.

> **Definition.** Eine Menge $A \subseteq \Sigma^*$ heißt *entscheidbar*, falls die
> *charakteristische Funktion* von A, nämlich $\chi_A : \Sigma^* \longrightarrow \{0,1\}$,
> berechenbar ist. Hierbei ist für alle $w \in \Sigma^*$:
>
> $$\chi_A(w) = \begin{cases} 1, & w \in A \\ 0, & w \notin A \end{cases}$$
>
> Eine Menge $A \subseteq \Sigma^*$ heißt *semi-entscheidbar*, falls die „halbe"
> charakteristische Funktion von A, nämlich $\chi'_A : \Sigma^* \longrightarrow \{0,1\}$,
> berechenbar ist. Es gilt für alle $w \in \Sigma^*$:
>
> $$\chi'_A(w) = \begin{cases} 1, & w \in A \\ undefiniert, & w \notin A \end{cases}$$
>
> Die Definitionen lassen sich bei Bedarf natürlich sinngemäß auch
> auf Mengen $A \subseteq I\!N$ übertragen.

Im Zusammenhang mit der Frage der Entscheidbarkeit werden Sprachen auch
oft (Entscheidungs-) *Probleme* genannt. Die Darstellung von Sprachen geschieht dann oft in der Form von *gegeben – gefragt* Angaben (vgl. z.B. Seite 156).

Bildhaft gesprochen besagen die beiden Definitionen, dass im ersten Fall ein
immer stoppender Algorithmus zur Verfügung steht, der das Entscheidungsproblem für A löst:

Im Fall der Semi-Entscheidbarkeit sieht das Bild so aus, dass der Algorithmus *nur einen* definitiven Ausgang hat. Falls der Algorithmus also für lange Zeit nicht gestoppt hat, so ist es nicht klar, ob der „Nein"-Fall ($w \notin A$) vorliegt, oder ob er doch noch mit der Ausgabe „Ja" stoppt.

In diesem Fall ist die Situation also etwas unbefriedigend, aber bei vielen algorithmischen Problemen ist es das Beste, was erreichbar ist (z.B. bei Entscheidungsverfahren für die Prädikatenlogik, „Theorembeweisern").

Der folgende Satz ist offensichtlich.

Satz.
EINE SPRACHE A IST ENTSCHEIDBAR GENAU DANN WENN SOWOHL A ALS AUCH $\overline{A}$ SEMI-ENTSCHEIDBAR SIND.

Beweis: Die Richtung von links nach rechts ist klar. Für die Umkehrung betrachten wir einen Semi-Entscheidungsalgorithmus M_1 für A und einen entsprechenden M_2 für $\overline{A}$. Dann liefert folgender Algorithmus ein Entscheidungsverfahren:

```
INPUT (x);
FOR s := 1, 2, 3, . . . DO
    IF M₁ bei Eingabe x stoppt in s Schritten
    THEN OUTPUT(1) END;
    IF M₂ bei Eingabe x stoppt in s Schritten
    THEN OUTPUT(0) END;
END
```
∎

Im Folgenden vergleichen wir den Begriff der Semi-Entscheidbarkeit mit dem der *rekursiven Aufzählbarkeit*.

Definition. Eine Sprache $A \subseteq \Sigma^*$ heißt *rekursiv aufzählbar*, falls $A = \emptyset$ oder falls es eine totale und berechenbare Funktion f : $\mathbb{N} \longrightarrow \Sigma^*$ gibt, so dass

$$A = \{f(0), f(1), f(2), \ldots\}$$

Sprechweise: f zählt A auf. (Man beachte, dass $f(i) = f(j)$ zulässig ist).

Satz.
EINE SPRACHE IST REKURSIV AUFZÄHLBAR GENAU DANN WENN SIE SEMI-ENTSCHEIDBAR IST.

Beweis: Die Richtung von links nach rechts ist einfach: Angenommen A ist rekursiv aufzählbar mittels der Funktion f. Dann ist das Folgende ein Semi-Entscheidungsverfahren für A:

> INPUT (x);
> FOR $n := 0, 1, 2, 3, \ldots$ DO
>   IF $f(n) = x$ THEN OUTPUT (1) END;
> END

Für die Umkehrung benötigen wir einen Trick, der oft *dove-tailing* genannt wird. Angenommen $A \neq \emptyset$ ist semi-entscheidbar mittels Algorithmus M. Sei a ein festgehaltenes Element aus A. Wir müssen eine *totale* und berechenbare Funktion f angeben, so dass A der Wertebereich von f ist. Der folgende Algorithmus berechnet f:

> INPUT (n);
>
> Interpretiere n als Codierung eines Paars von natürlichen Zahlen – etwa gemäß des Schemas auf Seite 103 – also $n = c(x, y)$. Seien x und y die zugeordneten Zahlen, also $x = e(n)$, $y = f(n)$ (falls n nicht Codierung eines Paars (x, y) ist, so setze $x = 0$ und $y = 0$);
>
> IF M angesetzt auf x stoppt in y Schritten
>   (und gibt 1 aus)
>
>   THEN OUTPUT (x) ELSE OUTPUT (a) END;

Der Algorithmus stoppt offensichtlich immer und kann nur Wörter ausgeben, die in A liegen. Daher ist f eine totale und berechenbare Funktion, und der Wertebereich von f ist eine Teilmenge von A. Sei nun umgekehrt $z \in A$ beliebig. Dann stoppt M, angesetzt auf z innerhalb einer gewissen Schrittzahl s. Sei $n = c(z, s)$. Dann gilt aufgrund der Konstruktion des Algorithmus' für f, dass $f(n) = z$. Also ist A eine Teilmenge des Wertebereichs von f. Somit hat f die gewünschten Eigenschaften.   ∎

Bemerkung: Die letzten beiden Sätze zusammengenommen ergeben, dass eine Sprache genau dann entscheidbar ist, wenn diese Sprache und ihr Komplement rekursiv aufzählbar sind.

Bemerkung: Zusammen mit der Diskusssion auf Seite 88 ergibt sich, dass die folgenden Aussagen alle äquivalent sind:

 A ist rekursiv aufzählbar.

 A ist semi-entscheidbar.

 A ist vom Typ 0.

 $A = T(M)$ für eine Turingmaschine M.

 χ'_A ist (Turing-, WHILE-, GOTO-) berechenbar.

 A ist Definitionsbereich einer berechenbaren Funktion.

 A ist Wertebereich einer berechenbaren Funktion.

Bemerkung: Der Begriff der *Abzählbarkeit* (vgl. Anhang) kann so definiert werden, dass er dem der rekursiven Aufzählbarkeit – bis auf einen kleinen, aber wichtigen Unterschied – ähnlich sieht:

Eine Menge A heißt *abzählbar*, falls $A = \emptyset$ oder falls es eine totale Funktion f gibt, so dass

$$A = \{f(0), f(1), f(2), \dots\}$$

Der Unterschied ist der, dass hier nicht die *Berechenbarkeit* von f verlangt wird. Im Englischen lauten die beiden Begriffe auch *enumerable* und *recursively enumerable*. Manche deutschsprachigen Autoren lassen das „rekursiv" weg und unterscheiden nur noch zwischen *abzählbar* und *aufzählbar*. Da der Unterschied zwischen beiden Definitionen überhaupt nichts mit *auf* versus *ab* zu tun hat, bleiben wir lieber bei der ausführlichen Sprechweise.

Der Unterschied zwischen rekursiver Aufzählbarkeit und Abzählbarkeit wird bei folgendem Beispiel klar: Jede Teilmenge A' einer abzählbaren Menge

$$A = \{f(0), f(1), f(2), \dots\}$$

ist wieder abzählbar. Sei etwa $a \in A' \neq \emptyset$ ein festgehaltenes Element. Wenn wir

$$g(n) = \begin{cases} f(n), & f(n) \in A' \\ a, & \text{sonst} \end{cases}$$

setzen, so ist g sicher eine wohl-definierte (aber nicht notwendigerweise berechenbare) Funktion. Es gilt nun

$$A' = \{g(0), g(1), g(2), \ldots\}$$

Nicht jede Teilmenge einer rekursiv aufzählbaren Menge muss dagegen wieder rekursiv aufzählbar sein.

Wir wollen nun ein paar nicht-entscheidbare Probleme kennen lernen. Bei den ersten dieser Probleme sollen Turingmaschinen selbst (in geeignet codierter Form) als Eingaben vorkommen. Wir müssen uns also kurz darum kümmern, wie man eine Turingmaschine als Wort über $\{0, 1\}$ schreiben kann.

Zunächst nehmen wir an, dass die Elemente von Γ und Z durchnummeriert sind, also

$$\Gamma = \{a_0, a_1, \ldots, a_k\}$$

und

$$Z = \{z_0, z_1, \ldots, z_n\},$$

wobei festgelegt sein soll, welche Nummern die Symbole $\square$, 0, 1, # und die Start- und Endzustände erhalten. Jeder δ-Regel der Form

$$\delta(z_i, a_j) = (z_{i'}, a_{j'}, y)$$

ordnen wir das Wort

$$w_{i,j,i',j',y} = \#\#bin(i)\#bin(j)\#bin(i')\#bin(j')\#bin(m)$$

zu, wobei

$$m = \begin{cases} 0, & y = L \\ 1, & y = R \\ 2, & y = N \end{cases}$$

Alle diese zu δ gehörenden Wörter schreiben wir nun in beliebiger Reihenfolge hintereinander und erhalten – als Zwischenschritt – einen Code der zugrunde liegenden Turingmaschine über dem Alphabet $\{0, 1, \#\}$.

Jedem solchen Wort können wir schließlich ein Wort über $\{0, 1\}$ zuordnen, indem wir noch folgende Codierung vornehmen:

$$0 \mapsto 00$$
$$1 \mapsto 01$$
$$\# \mapsto 11$$

Es ist klar, dass auf diese Weise nicht jedes Wort in $\{0,1\}^*$ ein sinnvoller Code einer Turingmaschine ist. Sei aber $\widehat{M}$ irgendeine beliebige, feste Turingmaschine, dann können wir *für jedes* $w \in \{0,1\}^*$ festlegen, dass M_w eine bestimmte Turingmaschine bezeichnet, nämlich:

$$M_w = \left\{ \begin{array}{ll} M, & \text{falls } w \text{ Codewort von } M \text{ ist} \\ \widehat{M}, & \text{sonst} \end{array} \right.$$

Definition. Unter dem *speziellen Halteproblem* oder *Selbstanwendbarkeitsproblem* verstehen wir die Sprache

$$K = \{w \in \{0,1\}^* \mid M_w \text{ angesetzt auf } w \text{ hält}\}$$

Satz.
DAS SPEZIELLE HALTEPROBLEM IST NICHT ENTSCHEIDBAR.

Beweis: Angenommen, K ist entscheidbar. Dann ist χ_K berechenbar mittels einer Turingmaschine M. Diese fiktive Maschine M könnte nun leicht zu einer Maschine M' umgebaut werden, die durch folgendes Bild definiert ist:

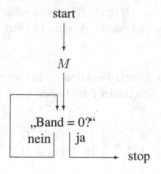

Das heißt, M' stoppt genau dann, wenn M 0 ausgeben würde. Falls M 1 ausgibt, gerät M' in eine Endlosschleife. Sei w' ein Codewort der Maschine M'. Nun gilt:

$$
\begin{array}{ll}
M' \text{ angesetzt auf } w' \text{ hält} & \Leftrightarrow \quad M \text{ angesetzt auf } w' \text{ gibt 0 aus} \\
& \Leftrightarrow \quad \chi_K(w') = 0 \\
& \Leftrightarrow \quad w' \notin K \\
& \Leftrightarrow \quad M_{w'} \text{ angesetzt auf } w' \text{ hält nicht} \\
& \Leftrightarrow \quad M' \text{ angesetzt auf } w' \text{ hält nicht}
\end{array}
$$

Dieser Widerspruch beweist, dass die Eingangsannahme falsch war: K ist nicht entscheidbar.   ∎

Wir werden noch eine ganze Reihe weiterer unentscheidbarer Probleme kennen lernen. Jedoch können wir uns für diese neuen Probleme *direkte*, und damit oft aufwändigen Beweise der Unentscheidbarkeit ersparen. Wir gehen nun anders vor. Wir führen neue Unentscheidbarkeitsbeweise dadurch, dass wir sie auf bereits bekannte unentscheidbare Sprachen zurückführen.

Wenn es uns gelingt, das Problem K als Spezialfall in ein neues, noch unbekanntes Problem sozusagen einzubetten (zu *reduzieren*), dann muss das neue Problem (erst recht) unentscheidbar sein. Diese Gedanken werden in der folgenden Definition und dem folgenden Lemma formal gefasst.

> **Definition.** Seien $A \subseteq \Sigma^*$ und $B \subseteq \Gamma^*$ Sprachen. Dann heißt A *auf B reduzierbar* – symbolisch mit $A \leq B$ bezeichnet – falls es eine totale und berechenbare Funktion $f : \Sigma^* \longrightarrow \Gamma^*$ gibt, so dass für alle $x \in \Sigma^*$ gilt:
>
> $$x \in A \Longleftrightarrow f(x) \in B.$$

> **Lemma.** Falls $A \leq B$ und B entscheidbar (bzw. semientscheidbar) ist, so ist auch A entscheidbar (bzw. semientscheidbar).

Beweis: Es gelte $A \leq B$ mittels Funktion f. Ferner sei χ_B berechenbar. Dann ist auch die Komposition beider Funktionen $\chi_B \circ f$ eine berechenbare Funktion. Es gilt

$$\chi_A(x) = \left\{ \begin{array}{ll} 1, & x \in A \\ 0, & x \notin A \end{array} \right\} = \left\{ \begin{array}{ll} 1, & f(x) \in B \\ 0, & f(x) \notin B \end{array} \right\} = \chi_B(f(x))$$

Somit ist auch χ_A berechenbar, also A entscheidbar.

Für den Fall der Semi-Entscheidbarkeit ersetze man χ durch χ' und 0 durch *undefiniert*.   ∎

Wir werden das Lemma immer in der logisch äquivalenten Form der Kontraposition anwenden: Sei A ein Problem, dessen Unentscheidbarkeit bereits nachgewiesen ist. Indem wir (lediglich) $A \leq B$ zeigen, haben wir – mit Hilfe des Lemmas – schon den Nachweis geführt, dass B unentscheidbar ist. (Wäre B entscheidbar, so wäre es aufgrund des Lemmas auch A, Widerspruch).

Definition. Das (allgemeine) *Halteproblem* ist die Sprache

$$H = \{w\#x \mid M_w \text{ angesetzt auf } x \text{ hält}\}.$$

Satz.

DAS HALTEPROBLEM H IST NICHT ENTSCHEIDBAR.

Beweis: Es genügt, $K \leq H$ nachzuweisen (inhaltlich: K als Spezialfall in das Problem H einzubetten). Das ist hier völlig offensichtlich: Wähle $f(w) = w\#w$. Dann gilt: $w \in K \Leftrightarrow f(w) \in H$. ∎

Definition. Das *Halteproblem auf leerem Band* ist die Sprache

$$H_0 = \{w \mid M_w \text{ angesetzt auf leerem Band hält}\}.$$

Satz.

DAS HALTEPROBLEM AUF LEEREM BAND H_0 IST NICHT ENTSCHEID-BAR.

Beweis: Es genügt, $H \leq H_0$ nachzuweisen.

Man kann jedem Wort $w\#x$ eine Turingmaschine M zuordnen, die wie folgt verbal beschrieben ist.

> Auf leerem Band gestartet schreibt M zunächst x aufs Band. Danach verhält sich M wie M_w (angesetzt auf x). Es ist unerheblich, wie sich M verhält, wenn das Band zu Beginn nicht leer ist.

Die Funktion f, die Wörter der Form $w\#x$ auf den Code der oben verbal beschriebenen Turingmaschine M abbildet, ist eine berechenbare Funktion und kann beliebig zu einer totalen Funktion ergänzt werden.

Nun gilt:

$$
\begin{aligned}
w\#x \in H &\iff M_w \text{ angesetzt auf } x \text{ hält} \\
&\iff M \text{ angesetzt auf leerem Band hält} \\
&\iff f(w\#x) \in H_0
\end{aligned}
$$

Also vermittelt f die gewünschte Reduktion von H nach H_0.   ■

Wir zeigen nun als Nächstes ein sehr allgemeines Unentscheidbarkeitsresultat, das besagt, dass es hoffnungslos ist, einer Turingmaschine irgendeinen Aspekt ihres funktionalen Verhaltens algorithmisch bestimmen zu wollen.

Satz. (RICE)
SEI $\mathcal{R}$ DIE KLASSE ALLER TURING-BERECHENBAREN FUNKTIONEN.
SEI $\mathcal{S}$ EINE *beliebige* TEILMENGE HIERVON (MIT AUSNAHME VON $\mathcal{S} = \emptyset$
UND $\mathcal{S} = \mathcal{R}$). DANN IST DIE SPRACHE

$$C(\mathcal{S}) = \{w \mid \text{DIE VON } M_w \text{ BERECHNETE FUNKTION LIEGT IN } \mathcal{S}\}$$

UNENTSCHEIDBAR.

Beweis: Sei $\Omega \in \mathcal{R}$ die überall undefinierte Funktion. Es ist entweder Ω in $\mathcal{S}$ oder nicht.

Fall 1: $\Omega \in \mathcal{S}$.

Da $\mathcal{S} \neq \mathcal{R}$, gibt es eine Funktion $q \in \mathcal{R} - \mathcal{S}$. Sei Q eine Turingmaschine, die q berechnet.

Jedem Wort $w \in \{0,1\}^*$ ordnen wir nun ein Turingmaschine M zu, die wir verbal wie folgt beschreiben.

> Angesetzt auf eine Eingabe y ignoriert M diese zunächst und verhält sich wie M_w angesetzt auf leerem Band. Falls diese Rechnung zu Ende kommt, so verhält sich M danach wie Q angesetzt auf y.

Für die von dieser Turingmaschine M berechnete Funktion g gilt nun:

$$g = \begin{cases} \Omega, & \text{falls } M_w \text{ auf leerem Band nicht stoppt} \\ q, & \text{sonst} \end{cases}$$

Die Abbildung f, die w die Codierung von M zuordnet, ist total und berechenbar. Es gilt:

$$w \in H_0 \implies M_w \text{ auf leerem Band stoppt}$$
$$\implies M \text{ berechnet die Funktion } q$$
$$\implies \text{die von } M_{f(w)} \text{ berechnete Funktion liegt nicht in } \mathcal{S}$$
$$\implies f(w) \notin C(\mathcal{S})$$

Umgekehrt gilt:

$$w \notin H_0 \implies M_w \text{ auf leerem Band stoppt nicht}$$
$$\implies M \text{ berechnet die Funktion } \Omega$$
$$\implies \text{die von } M_{f(w)} \text{ berechnete Funktion liegt in } \mathcal{S}$$
$$\implies f(w) \in C(\mathcal{S})$$

Mit anderen Worten, die Funktion f vermittelt eine Reduktion von $\overline{H_0}$ nach $C(\mathcal{S})$. Da H_0 unentscheidbar ist, ist es auch $\overline{H_0}$, und damit auch $C(\mathcal{S})$.

Fall 2: $\Omega \notin \mathcal{S}$.

In diesem Fall zeigt man analog $H_0 \leq C(\mathcal{S})$. ∎

Beispiel: Es folgt beispielsweise aus dem Satz von Rice, dass es nicht möglich ist, einer Turingmaschine anzusehen, ob sie eine konstante Funktion berechnet. Man wähle

$$\mathcal{S} = \{ f \in \mathcal{R} \mid f \text{ ist eine konstante Funktion} \}.$$

Dann ist

$$C(\mathcal{S}) = \{ w \mid M_w \text{ berechnet eine konstante Funktion} \}$$

unentscheidbar.

Bemerkung: Es gibt durchaus algorithmische Probleme, die noch „unlösbarer" sind als das Halteproblem, etwa das *Äquivalenzproblem für Turingmaschinen*:

$$\ddot{A} = \{ u \# v \mid M_u \text{ berechnet dieselbe Funktion wie } M_v \}$$

Es gilt: $H \leq \ddot{A}$, aber *nicht* $\ddot{A} \leq H$.

Tatsächlich kann man sogar unendliche Folgen von Problemen $A_1, A_2, A_3, \ldots$ angeben, so dass für alle i, $A_i \leq A_{i+1}$ gilt, aber nicht $A_{i+1} \leq A_i$. Man spricht vom (zunehmenden) *Grad der Unlösbarkeit*.

2.7 Das Postsche Korrespondenzproblem

Das *Postsche Korrespondenzproblem* (engl. Post's correspondence problem, abgekürzt: PCP) ist die folgende algorithmische Aufgabenstellung:

gegeben: Eine endliche Folge von Wortpaaren (x_1, y_1), (x_2, y_2), ..., (x_k, y_k), wobei $x_i, y_i \in \Sigma^+$. (Σ ist ein beliebiges Alphabet).

gefragt: Gibt es eine Folge von Indizes $i_1, i_2, \ldots, i_n \in \{1, 2, \ldots, k\}$, $n \geq 1$, mit $x_{i_1} x_{i_2} \ldots x_{i_n} = y_{i_1} y_{i_2} \ldots y_{i_n}$?

Wir nennen $i_1, i_2, \ldots, i_n$ dann eine *Lösung* des Korrespondenzproblems $(x_1, y_1), (x_2, y_2), \ldots, (x_k, y_k)$.

Beispiel: Das Korrespondenzproblem

$$K = ((1, 101), (10, 00), (011, 11)),$$

also

$$x_1 = 1 \qquad x_2 = 10 \qquad x_3 = 011$$
$$y_1 = 101 \qquad y_2 = 00 \qquad y_3 = 11$$

besitzt die Lösung $(1, 3, 2, 3)$, denn es gilt:

$$x_1 x_3 x_2 x_3 = 101110011 = y_1 y_3 y_2 y_3$$

Dass das PCP ein hohes Maß an „Komplexität" besitzt, zeigt das folgende harmlos aussehende Beispiel:

$$x_1 = 001 \qquad x_2 = 01 \qquad x_3 = 01 \qquad x_4 = 10$$
$$y_1 = 0 \qquad y_2 = 011 \qquad y_3 = 101 \qquad y_4 = 001.$$

Dieses Problem besitzt eine Lösung, aber die kürzeste Lösung besteht aus 66 Indizes: 2, 4, 3, 4, 4, 2, 1, 2, 4, 3, 4, 3, 4, 4, 3, 4, 2, 1, 4, 4, 2, 1, 3, 4, 1, 1, 3, 4, 4, 2, 1, 2, 1, 1, 1, 3, 4, 3, 4, 1, 2, 1, 4, 4, 2, 1, 4, 1, 1, 3, 4, 1, 1, 3, 1, 1, 3, 1, 2, 1, 4, 1, 1, 3.

Bemerkung: Der naive Algorithmus, der bei gegebener Eingabe (x_1, y_1), (x_2, y_2), ..., (x_k, y_k) systematisch immer längere Indexfolgen $i_1, i_2, \ldots, i_n$ daraufhin untersucht, ob sie eine Lösung darstellen und im positiven Fall stoppt, demonstriert, dass das PCP *semi-entscheidbar* (oder *rekursiv aufzählbar*) ist: Es gibt ein Verfahren (das gerade Beschriebene), das bei Eingaben, die eine Lösung besitzen, diese nach endlich vielen Schritten findet und stoppt. Bei Eingaben, die keine Lösung besitzen, stoppt das Verfahren jedoch nicht.

Wir zeigen im Folgenden, dass es ein immer stoppendes Verfahren nicht gibt, d.h. dass das PCP *unentscheidbar* ist. Dies führen wir zurück auf die Unentscheidbarkeit des Halteproblems H für Turingmaschinen. Genauer: Wir reduzieren zunächst H auf ein anderes Problem, genannt MPCP („modifiziertes PCP"), und dann MPCP auf PCP.

Das Problem MPCP ist das Folgende:

gegeben: wie beim PCP.

gefragt: Gibt es eine Lösung $i_1, i_2, \ldots, i_n$ mit $i_1 = 1$?

Lemma. MPCP $\leq$ PCP .

Beweis: Zunächst einige Notationen: Seien \$ und # neue Symbole, die im Alphabet Σ des MPCPs nicht vorkommen. Für ein Wort $w = a_1 a_2 \ldots a_m \in \Sigma^+$ sei

$$\bar{w} = \#a_1\#a_2\# \ldots \#a_m\#$$
$$\grave{w} = \#a_1\#a_2\# \ldots \#a_m$$
$$\acute{w} = a_1\#a_2\# \ldots \#a_m\#$$

Jeder Eingabe $K = ((x_1, y_1), (x_2, y_2), \ldots, (x_k, y_k))$ für das MPCP wird nun folgendes zugeordnet:

$$f(K) = ((\bar{x}_1, \grave{y}_1), (\acute{x}_1, \grave{y}_1), (\acute{x}_2, \grave{y}_2), \ldots, (\acute{x}_k, \grave{y}_k), (\$, \#\$))$$

Diese Abbildung f ist offensichtlich berechenbar. Wir zeigen nun, dass diese Funktion f eine Reduktion von MPCP nach PCP vermittelt, nämlich dass gilt:

K besitzt eine Lösung mit $i_1 = 1$ **genau dann wenn** $f(K)$ (irgend)eine Lösung besitzt.

Angenommen, K besitze die Lösung $(i_1, i_2, \ldots, i_n)$ mit $i_1 = 1$, dann ist offensichtlich $(1, i_2 + 1, \ldots, i_n + 1, k + 2)$ eine Lösung für $f(K)$.

Andererseits, falls $f(K)$ eine Lösung $i_1, \ldots, i_n \in \{1, \ldots, k + 2\}$ besitzt, so kann wegen der Bauart der Wortpaare nur $i_1 = 1$, $i_n = k + 2$ und $i_j \in \{2, \ldots, k+1\}$ für $2 \leq j \leq n-1$ sein. In diesem Fall ist $(1, i_2 - 1, \ldots, i_{n-1} - 1)$ eine Lösung für K. ∎

Lemma. $H \leq$ MPCP .

Beweis: Gegeben sei eine Turingmaschine $M = (Z, \Sigma, \Gamma, \delta, z_0, \square, E)$ (genauer gesagt: deren Codierung) und ein Eingabewort $w \in \Sigma^*$. Unsere Aufgabe besteht nun darin, eine algorithmische Vorschrift anzugeben, die jedes solche Paar (M, w) überführt in eine Folge $(x_1, y_1), \ldots, (x_k, y_k)$, so dass gilt:

M angesetzt auf w stoppt
genau dann wenn
$(x_1, y_1), \ldots, (x_k, y_k)$ eine Lösung mit $i_1 = 1$ besitzt.

Das Alphabet für das zu konstruierende MPCP wird $\Gamma \cup Z \cup \{\#\}$ sein, und das erste Wortpaar lautet: $(\#, \#z_0w\#)$. Die uns interessierenden Lösungs-worte müssen also mit diesem Paar beginnen. Die weiteren Paare können in folgende Gruppen unterteilt werden:

1. *Kopierregeln:*
   (a, a) für alle $a \in \Gamma \cup \{\#\}$

2. *Überführungsregeln:*

   $(za, z'c)$ falls $\delta(z, a) = (z', c, N)$

   (za, cz') falls $\delta(z, a) = (z', c, R)$

   $(bza, z'bc)$ falls $\delta(z, a) = (z', c, L)$, für alle $b \in \Gamma$

   $(\#za, \#z'\square c)$ falls $\delta(z, a) = (z', c, L)$

   $(z\#, z'c\#)$ falls $\delta(z, \square) = (z', c, N)$

   $(z\#, cz'\#)$ falls $\delta(z, \square) = (z', c, R)$

   $(bz\#, z'bc\#)$ falls $\delta(z, \square) = (z', c, L)$, für alle $b \in \Gamma$

3. *Löschregeln:*
   (az_e, z_e) und $(z_e a, z_e)$ für alle $a \in \Gamma$ und $z_e \in E$

4. *Abschlussregeln:*
   $(z_e\#\#, \#)$ für alle $z_e \in E$.

Falls die Turingmaschine M bei Eingabe w stoppt, so gibt es eine Folge von Konfigurationen $(k_0, k_1, \ldots, k_t)$, so dass gilt: $k_0 = z_0w$, k_t ist eine Endkon-figuration (also $k_t = uz_ev$ mit $u, v \in \Gamma^*$ und $z_e \in E$), und $k_i \vdash k_{i+1}$ für $i = 0, 1, \ldots, t - 1$. Die oben angegebene Eingabe für das MPCP besitzt dann eine Lösung mit einem Lösungswort der Form

$$\#k_0\#k_1\# \ldots \#k_t\#k_t'\#k_t''\#\# \ldots \#z_e\#\#$$

Hierbei entstehen $k_t', k_t'', \ldots$ aus $k_t = uz_ev$ durch Löschen von Nachbarsym-bolen von z_e.

Der erste Teil der Lösung baut sich so auf, dass die Folge der x_{i_j} eine Konfi-guration hinter der Folge der y_{i_j} „nachhinkt". Der „Überhang" hat also immer die Länge einer Konfiguration.

Skizze:

x:

#	k_0	#	k_1	#	k_2	#

y:

#	k_0	#	k_1	#	k_2	#	k_3	#

Falls umgekehrt die obige Eingabe für das MPCP eine Lösung (mit $i_1 = 1$) besitzt, so lässt sich aus dieser Lösung in ähnlicher Weise eine stoppende Rechnung von M bei Eingabe w ablesen.

Damit ist gezeigt, dass die Abbildung, die jedem Paar (M, w), wie oben angegeben, eine Eingabe für das MPCP zuordnet, eine Reduktion von H nach MPCP vermittelt. ∎

Mit diesen beiden Lemmata und unter Ausnützen der Tatsache, dass H unentscheidbar ist, ergibt sich nun der folgende Satz.

Satz.
DAS POSTSCHE KORRESPONDENZPROBLEM PCP IST UNENTSCHEID-
BAR.

Sogar der folgende spezielle Fall ist unentscheidbar:

Satz.
DAS PCP IST BEREITS UNENTSCHEIDBAR, WENN MAN SICH AUF DAS
ALPHABET $\{0, 1\}$ BESCHRÄNKT.

Beweis: Wir nennen diese Variante des PCPs das 01-PCP und zeigen, dass gilt: PCP $\leq$ 01-PCP. Sei $\Sigma = \{a_1, \ldots, a_m\}$ das Alphabet des gegebenen PCPs. Jedem Symbol $a_j \in \Sigma$ ordnen wir das Wort $\widehat{a_j} = 01^j \in \{0, 1\}^*$ zu und verallgemeinern dies auf beliebige Wörter $w = a_1 \ldots a_n \in \Sigma^+$ zu $\widehat{w} = \widehat{a_1} \ldots \widehat{a_n}$. Dann gilt offensichtlich:

$(x_1, y_1), \ldots, (x_k, y_k)$ hat eine Lösung
genau dann wenn
$(\widehat{x_1}, \widehat{y_1}), \ldots, (\widehat{x_k}, \widehat{y_k})$ eine Lösung hat.   ∎

Bemerkung: Sei PCP_k die Variante des PCPs, wobei die Eingabe aus genau k Wortpaaren bestehen muss. Man kann zeigen, dass bereits PCP_k für $k \geq 9$ unentscheidbar ist. Dagegen ist PCP_k für $k \leq 2$ entscheidbar. Der Status von PCP_k für $k \in \{3, 4, 5, 6, 7, 8\}$ ist bis heute ein offenes Problem.

Bemerkung: Wie zu Beginn dieses Abschnitts (S. 124) argumentiert, ist das PCP semi-entscheidbar. Da wir nun $H \leq PCP$ gezeigt haben, folgt mit dem Lemma auf Seite 120, dass auch das Halteproblem H semi-entscheidbar ist. Das heißt inhaltlich folgendes: Es gibt eine Turingmaschine U, die bei Eingabe von $w\#x$ sich verhält wie M_w bei Eingabe x – zumindest, was das Halten bzw. Nicht-Halten betrifft. Man könnte leicht U auch so angeben, dass U bei Eingabe von $w\#x$ gerade die von M_w berechnete Funktion an der Stelle x – sofern definiert – berechnet.

Mit anderen Worten, U verhält sich wie ein *Turingmaschinen-Interpreter*, selber programmiert als Turingmaschine. U kann sozusagen durch Angabe des ersten Teils der Eingabe universell „programmiert" werden. Das heißt, w kann als das Programm und x als die „eigentliche" Eingabe aufgefasst werden. Wir nennen U eine *universelle Turingmaschine*.

Die Existenz von universellen Turingmaschinen wird als weiteres Indiz zu Gunsten der Churchschen These aufgefasst.

2.8   Unentscheidbare Grammatik-Probleme

Basierend auf der Unentscheidbarkeit des Postschen Korrespondenzproblems zeigen wir nun, dass eine Reihe von Fragestellungen bzgl. kontextfreier und kontextsensitiver Grammatiken unentscheidbar ist. (Zu den Begriffen Schnittproblem, Endlichkeitsproblem, Äquivalenzproblem vgl. auch Seite 42 und Seite 82).

Satz.
Gegeben zwei kontextfreie Grammatiken G_1, G_2, so sind folgende Fragestellungen unentscheidbar:

- Ist $L(G_1) \cap L(G_2) = \emptyset$?

- Ist $|L(G_1) \cap L(G_2)| = \infty$?

- Ist $L(G_1) \cap L(G_2)$ kontextfrei ?

- Ist $L(G_1) \subseteq L(G_2)$?

- Ist $L(G_1) = L(G_2)$?

Beweis: Jedem Postschen Korrespondenzproblem

$$K = ((x_1, y_1), \dots, (x_k, y_k))$$

über dem Alphabet $\{0, 1\}$ können effektiv zwei kontextfreie Grammatiken G_1 und G_2 wie folgt zugeordnet werden. Beide Grammatiken haben das Terminalalphabet $\Sigma = \{0, 1, \$, a_1, \dots, a_k\}$ und G_1 besitzt die Regeln

$$S \to A\$B$$
$$A \to a_1 A x_1 \mid \dots \mid a_k A x_k$$
$$A \to a_1 x_1 \mid \dots \mid a_k x_k$$
$$B \to \widetilde{y_1} B a_1 \mid \dots \mid \widetilde{y_k} B a_k$$
$$B \to \widetilde{y_1} a_1 \mid \dots \mid \widetilde{y_k} a_k$$

wobei $\widetilde{w}$ das gespiegelte Wort w bedeutet.

Diese Grammatik erzeugt die Sprache

$$L_1 = \{a_{i_n} \dots a_{i_1} x_{i_1} \dots x_{i_n} \$ \widetilde{y_{j_m}} \dots \widetilde{y_{j_1}} a_{j_1} \dots a_{j_m}$$
$$\mid n, m \geq 1,\ i_\mu, j_\kappa \in \{1, \dots, k\}\}$$

Die Grammatik G_2 besitzt die Regeln

$$S \to a_1 S a_1 \mid \dots \mid a_k S a_k \mid T$$
$$T \to 0T0 \mid 1T1 \mid \$$$

und erzeugt die Sprache

$$L_2 = \{uv\$\tilde{v}\tilde{u} \mid u \in \{a_1, \ldots, a_k\}^*, \ v \in \{0,1\}^*\}$$

Wir bemerken (für spätere Verwendung), dass L_1 und L_2 sogar *deterministisch* kontextfrei sind.

Nun gilt, dass K die Lösung $i_1, \ldots, i_n$ besitzt (also $x_{i_1} \ldots x_{i_n} = y_{i_1} \ldots y_{i_n}$), **genau dann, wenn** $L_1 \cap L_2$ nicht-leer ist. Und zwar befindet sich im Schnitt von L_1 und L_2 dann das Wort

$$a_{i_n} \ldots a_{i_1} x_{i_1} \ldots x_{i_n} \$ \widetilde{y_{i_n}} \ldots \widetilde{y_{i_1}} a_{i_1} \ldots a_{i_n}$$

Das bedeutet, $K \mapsto (G_1, G_2)$ vermittelt eine Reduktion vom PCP auf das Schnittproblem, welches somit unentscheidbar ist.

Wenn K (mindestens) eine Lösung besitzt, so besitzt K auch unendlich viele Lösungen, indem man die Lösungsfolge beliebig oft wiederholt. Daher ist auch das Problem, ob $L(G_1) \cap L(G_2)$ unendlich ist, unentscheidbar, denn $K \mapsto (G_1, G_2)$ vermittelt ebenfalls die entsprechende Reduktion.

In dem Falle, dass $L_1 \cap L_2$ nicht-leer, und damit unendlich ist, kommt noch die Tatsache hinzu, dass $L_1 \cap L_2$ eine nicht-kontextfreie Sprache darstellt. Dies kann man mit Hilfe des Pumping Lemmas (Seite 49) einsehen: Nehmen wir an, $L_1 \cap L_2$ wäre kontextfrei. Alle Wörter in $L_1 \cap L_2$ haben die oben angegebene Form $uv\$\tilde{v}\tilde{u}$, wobei die Indexfolge in u dem inneren Aufbau des Wortes v, welches aus x_i's aufgebaut ist (bzw. $\tilde{v}$, welches aus y_i's aufgebaut ist) entspricht. Jedes Wort dieser Art, das länger ist als die Pumping Zahl, lässt sich laut Pumping Lemma so in Teilwörter zerlegen, dass ein oder zwei dieser Teilworte „gepumpt" werden können und man jedes Mal wieder ein Wort in der Sprache erhält. Dies ist aber aufgrund der gegenseitigen Abhängigkeit der 4 Bestandteile in $uv\$\tilde{v}\tilde{u}$ unmöglich. Wenn man eines dieser Teilwörter ändert, müsste man alle vier ändern, um ggfs. wieder ein Wort in der Sprache $L_1 \cap L_2$ zu erhalten. Jedes Pumpen laut Pumping Lemma würde die vorgeschriebene Struktur zerstören. Daher ist $L_1 \cap L_2$ nicht kontextfrei.

Daher ist auch das Problem, festzustellen, ob $L(G_1) \cap L(G_2)$ kontextfrei ist, unentscheidbar.

Für die weiteren Reduktionen zum Nachweis der Unentscheidbarkeit nutzen wir aus, dass die Sprachen L_1, L_2 tatsächlich sogar deterministisch kontextfrei sind, und dass die deterministisch kontextfreien Sprachen effektiv unter Komplementbildung abgeschlossen sind. Das heißt, man kann effektiv Grammatiken G'_1, G'_2 angeben mit $L(G'_1) = \overline{L_1}$ und $L(G'_2) = \overline{L_2}$. Daher gilt:

$$L_1 \cap L_2 = \emptyset \iff L_1 \subseteq L(G'_2)$$
$$\iff L_1 \cup L(G'_2) = L(G'_2)$$
$$\iff L(G_3) = L(G'_2)$$

Hierbei ist G_3 die kontextfreie (aber nicht notwendig deterministisch kontextfreie) Grammatik, die die Vereinigung der Sprachen L_1 und $L(G'_2)$ erkennt. Insgesamt vermittelt also $K \mapsto (G_1, G'_2)$ bzw. $K \mapsto (G_3, G'_2)$ eine Reduktion vom PCP auf das Inklusions- bzw. das Äquivalenzproblem bei kontextfreien Sprachen. Beide Probleme sind somit auch unentscheidbar. ∎

Bemerkung: Aus dem Beweis geht nicht hervor, dass auch das *Äquivalenzproblem* für *deterministisch* kontextfreie Sprachen unentscheidbar ist. (Tatsächlich ist dieses Problem entscheidbar, vgl. Seite 82).

Bemerkung: Es folgt natürlich auch sofort die Unentscheidbarkeit des Äquivalenzproblems für jeden Formalismus, in den kontextfreie Grammatiken effektiv übersetzbar sind: nichtdeterministische Kellerautomaten, BNF, EBNF, Syntaxdiagramme, LBAs, kontextsensitive Grammatiken, Turingmaschinen, LOOP-, WHILE-, GOTO-Programme, usw.

Dem Beweis des vorigen Satzes entnehmen wir, dass tatsächlich sogar ein stärkeres Resultat bewiesen wurde:

Satz.
WENN ZWEI DETERMINISTISCH KONTEXTFREIE SPRACHEN L_1, L_2 GEGEBEN SIND, SO SIND FOLGENDE FRAGESTELLUNGEN UNENTSCHEIDBAR:

- IST $L_1 \cap L_2 = \emptyset$?

- IST $|L_1 \cap L_2| = \infty$?

- IST $L_1 \cap L_2$ KONTEXTFREI ?

- IST $L_1 \subseteq L_2$?

Aus dem obigen Beweis lassen sich durch geringfügige Modifikationen noch weitere Unentscheidbarkeitsergebnisse gewinnen.

Satz.
GEGEBEN EINE KONTEXTFREIE GRAMMATIK G, DANN SIND FOLGEN-
DE FRAGESTELLUNGEN UNENTSCHEIDBAR:

- IST G MEHRDEUTIG ? (VGL. S. 17)

- IST $\overline{L(G)}$ KONTEXTFREI ?

- IST $L(G)$ REGULÄR ?

- IST $L(G)$ DETERMINISTISCH KONTEXTFREI ?

Beweis: Seien G_1, G_2 die im obigen Beweis aus dem PCP K konstruierten (deterministisch) kontextfreien Grammatiken. Sei G_3 die (effektiv herstellbare) kontextfreie Grammatik, die die Vereinigungsmenge erkennt, $L(G_3) = L(G_1) \cup L(G_2)$. Nun gilt: K hat eine Lösung **genau dann, wenn** es ein Wort in $L(G_3)$ gibt, das zwei strukturell unterschiedliche Ableitungsbäume besitzt. Und zwar kommt die eine Ableitung durch Verwenden der G_1-Regeln, die andere Ableitung durch Verwenden der G_2-Regeln zustande. Daher ist das Mehrdeutigkeitsproblem unentscheidbar.

Für das zweite Unentscheidbarkeitsergebnis verwenden wir wieder die Grammatiken G_1', G_2', die die Komplemente von L_1, L_2 erkennen. Sei G_4 die (effektiv herstellbare) kontextfreie Grammatik, die die Vereinigungsmenge erkennt, $L(G_4) = L(G_1') \cup L(G_2')$. Dann vermittelt $K \mapsto G_4$ die gewünschte Reduktion, denn K hat eine Lösung genau dann, wenn $L_1 \cap L_2 = \overline{L_1} \cup \overline{L_2} = \overline{L(G_4)}$ nicht-kontextfrei ist.

Aus dem obigen Beweis geht ferner hervor, dass im Falle, dass K keine Lösung besitzt, gilt $L_1 \cap L_2 = \emptyset$, woraus folgt $L(G_4) = \Sigma^*$, was eine reguläre Sprache ist. Daher vermittelt $K \mapsto G_4$ ebenfalls eine geeignete Reduktion für das dritte und das vierte Unentscheidbarkeitsergebnis. ∎

Aus der Tatsache, dass im letzten Beweis $L(G_4) = \Sigma^*$, also eine *feste* reguläre Sprache ist (sofern K keine Lösung besitzt), ergibt sich auch noch das folgende Unentscheidbarkeitsergebnis. (Vergleiche dieses mit der entsprechenden Entscheidbarkeit bei deterministisch kontextfreien Sprachen, welche in Abschnitt 1.3.7 gezeigt wurde).

Satz.
GEGEBEN EINE KONTEXTFREIE SPRACHE L_1 UND EINE REGULÄRE
SPRACHE L_2, SO IST ES UNENTSCHEIDBAR FESTZUSTELLEN, OB $L_1 = L_2$ GILT.

Auch für kontextsensitive Sprachen ergeben sich noch einige Unentscheidbarkeitsergebnisse.

Satz.
DAS LEERHEITSPROBLEM UND DAS ENDLICHKEITSPROBLEM FÜR TYP 1–SPRACHEN SIND NICHT ENTSCHEIDBAR.

Beweis: Wir reduzieren das obige Schnittproblem für kontextfreie Sprachen auf das Leerheitsproblem. Da die Typ 1–Sprachen effektiv unter Schnitt abgeschlossen sind, gibt es eine berechenbare Abbildung $(G_1, G_2) \mapsto G_3$ mit $L(G_3) = L(G_1) \cap L(G_2)$. Diese Abbildung vermittelt also die gewünschte Reduktion. Da auch die Frage, ob der Schnitt zweier kontextfreier Sprachen endlich oder unendlich ist, nicht entscheidbar ist, folgt vermittels dieser Reduktion, dass auch das Endlichkeitsproblem für Typ 1–Sprachen nicht entscheidbar ist. ∎

2.9 Der Gödelsche Satz

In diesem Abschnitt soll ein berühmter Satz bewiesen werden, der allgemein als „der Gödelsche Satz" bekannt ist (vgl. Hofstadter). Es wird im Kontext der Arithmetik, der Zahlentheorie, nachgewiesen, dass die Mittel der Mathematik, das Finden von Beweisen, seine Grenzen hat: jedes Beweissystem für die wahren arithmetischen Formeln ist notwendigerweise unvollständig. Das heißt, es bleiben immer Formeln übrig, die zwar wahr, aber nicht als solche beweisbar sind.

Wir betrachten zunächst arithmetische Formeln; dies sind Formeln, die mittels Quantoren, Variablen, Konstanten, der Relation $=$ und den Operatoren $+$ und $*$ aufgebaut sind.

Definition. Der syntaktische Aufbau eines (arithmetischen) *Terms* ist induktiv wie folgt definiert:

- Jede Zahl $n \in I\!N$ ist ein Term.
- Jede Variable x_i, $i \in I\!N$, ist ein Term.
- Wenn t_1 und t_2 Terme sind, dann auch $(t_1 + t_2)$ und $(t_1 * t_2)$.

Der syntaktische Aufbau einer (arithmetischen) *Formel* ist induktiv wie folgt definiert:

- Wenn t_1 und t_2 Terme sind, dann ist $(t_1 = t_2)$ eine Formel.

- Wenn F, G Formeln sind, dann sind auch $\neg F$, $(F \wedge G)$ und $(F \vee G)$ Formeln.

- Wenn x eine Variable und F eine Formel ist, dann sind auch $\exists x F$ und $\forall x F$ Formeln.

Freie und gebundene Variablen sind wie üblich definiert. (Gebundene Variablen sind solche, die im Wirkungsbereich eines Quantors stehen).

Beispiel einer Formel der Arithmetik:

$$\forall x \, \exists y \, \forall z \, (((x * y) = z) \wedge ((1 + x) = (x * y)))$$

Wir geben solchen Formeln nun eine semantische Interpretation über den natürlichen Zahlen wie folgt:

Sei $\phi : V \longrightarrow I\!N$ eine so genannte *Belegung* (hierbei ist V die Menge der *Variablen*). Wir erweitern die Anwendung von ϕ auch auf Terme der Arithmetik wie folgt:

$$
\begin{aligned}
\phi(n) &= n \\
\phi((t_1 + t_2)) &= \phi(t_1) + \phi(t_2) \\
\phi((t_1 * t_2)) &= \phi(t_1) \cdot \phi(t_2)
\end{aligned}
$$

Auf der rechten Seite der Gleichungen sind die Additions- bzw. Multiplikationsfunktion auf den natürlichen Zahlen gemeint.

Beispiel: Sei ϕ eine Belegung, die x auf 10 und y auf 8 abbildet. Dann ist

$$\phi((x + (5 * y))) = 10 + 5 \cdot 8 = 50.$$

Wir verabreden außerdem folgende Notationen: Mit $F(x/n)$ bezeichnen wir diejenige Formel, die aus F entsteht, indem alle freien Vorkommen von x durch die Konstante n ersetzt werden. Wenn aus dem Kontext klar ist, welche Variable ersetzt werden soll (weil z.B. nur eine Variable frei vorkommt), so schreiben wir auch $F(n)$. Ferner drücken wir durch die Schreibweise $F(x_1, \ldots, x_n)$ aus, dass in der Formel F genau die Variablen $x_1, \ldots, x_n$ frei vorkommen.

Definition. Für arithmetische Formeln F definieren wir den Begriff „F ist wahr" wie folgt:

$(t_1 = t_2)$ ist wahr, falls $\phi(t_1) = \phi(t_2)$ für alle Belegungen ϕ gilt.

$\neg F$ ist wahr, falls F nicht wahr ist.

$(F \wedge G)$ ist wahr, falls F wahr ist und G wahr ist.

$(F \vee G)$ ist wahr, falls F wahr ist oder G wahr ist.

$\exists x \, F$ ist wahr, falls es ein $n \in I\!N$ gibt, so dass $F(x/n)$ wahr ist.

$\forall x \, F$ ist wahr, falls für alle $n \in I\!N$ gilt, dass $F(x/n)$ wahr ist.

Beispiele: Die Formel $\forall x \, \exists y \, ((x + y) = (x * (x + 1)))$ ist wahr, denn für jede natürliche Zahl x gibt es ein y mit $x + y = x \cdot (x + 1)$, wähle nämlich $y = x \cdot x$.

Die Formel

$$\forall x \, \exists y \, ((x = 0) \vee ((x * y) = 1))$$

ist nicht wahr, da wir uns auf den Grundbereich der natürlichen Zahlen festgelegt haben. (Die Formel wäre dagegen für reelle Zahlen wahr).

Definition. Eine Funktion $f : I\!N^k \longrightarrow I\!N$ ist *arithmetisch repräsentierbar*, falls es eine arithmetische Formel $F(x_1, \ldots, x_k, y)$ gibt, so dass für alle $n_1, \ldots, n_k, m \in I\!N$ gilt:

$$f(n_1, \ldots, n_k) = m$$
genau dann wenn
$$F(n_1, \ldots, n_k, m) \text{ wahr ist.}$$

Beispiele: Die Additionsfunktion ist arithmetisch repräsentierbar mittels:

$$(y = (x_1 + x_2))$$

Analog ist es mit der Multiplikation. Die Funktionen DIV und MOD sind arithmetisch repräsentierbar durch:

$$\exists r \, ((r < x_2) \wedge (x_1 = y * x_2 + r))$$

und

$$\exists k \, ((y < x_2) \wedge (x_1 = k * x_2 + y))$$

In den obigen beiden Formeln kommt die (zunächst nicht zulässige) Teilformel $(a < b)$ vor. Diese lässt sich wie folgt definieren:

$$\exists z \, (a + z + 1 = b)$$

Analog lassen sich die Relationen $>, \leq, \geq$ definieren.

Wir haben bei obigen Beispielen der besseren Lesbarkeit wegen einige Klammern weggelassen und verabreden für das Folgende auch noch die Schreibweisen

$$\forall x < k \, (\ldots) \text{ bzw. } \exists x < k \, (\ldots)$$

für

$$\forall x \, (\neg(x < k) \vee (\ldots)) \text{ bzw. } \exists x \, ((x < k) \wedge (\ldots))$$

Als Vorbereitung für den nachfolgenden Beweis wollen wir uns mit der Codierung von beliebigen Zahlenfolgen beschäftigen. Eine Zahlenfolge $(n_0, \ldots, n_k)$ können wir aus einer einzelnen (geeignet gewählten) Zahl a wie folgt zurückerhalten:

$$n_i = a \bmod (1 + (i + 1) \cdot b)$$

Hierbei ist b gleichfalls geeignet zu wählen. Es ist klar, dass auf diese Weise jedem a, b, i genau ein n_i zugeordnet wird.

Die obige Formel kann arithmetisiert werden. Es gilt nämlich, dass

$$G(a, b, i, y) := y < (1 + (i + 1) * b) \wedge \exists k \, (a = y + k * (1 + (i + 1) * b))$$

eine wahre Formel ist, genau dann wenn $y = a \bmod (1 + (i + 1) \cdot b)$.

Das folgende Lemma basiert auf dem Chinesischen Restsatz.

Lemma. Für jede Zahlenfolge $(n_0, \ldots, n_k)$ gibt es a und b, so dass für $i = 0, 1, \ldots, k$ gilt:

$$n_i = a \bmod (1 + (i + 1) \cdot b)$$

(gleichwertig: $G(a, b, i, n_i)$ ist wahr).

Beweis: Wir setzen $s = \max(k, n_0, \ldots, n_k)$ und wählen $b = s!$. Wir zeigen zunächst, dass die Zahlen $b_i = 1 + (i + 1) \cdot b$ paarweise teilerfremd sind. Angenommen, es gibt eine Primzahl p, die sowohl b_i als auch b_j teilt ($i < j$). Dann teilt p auch $b_j - b_i = (j - i) \cdot b$. Da $(j - i) \leq k \leq s$, gilt: $(j - i)$

teilt b. Somit folgt: p teilt b. Zusammen mit p teilt b_i ergibt sich: p teilt 1, ein Widerspruch.

Als Nächstes zeigen wir, dass zu je zwei verschiedenen Zahlen a und a' mit $0 \leq a < a' < b_0 \cdot b_1 \cdot \ldots \cdot b_k$ auch die Lösungen der Restsysteme

$$
\begin{aligned}
n_i &= a \,\mathrm{MOD}\, b_i \quad (i = 0, \ldots, k) \\
n_i' &= a' \,\mathrm{MOD}\, b_i \quad (i = 0, \ldots, k)
\end{aligned}
$$

verschieden sind. Angenommen, $(n_0, \ldots, n_k) = (n_0', \ldots, n_k')$. Hieraus folgt, dass jedes b_i die Zahl $a' - a$ teilt. Wegen der Teilerfremdheit der b_i folgt, dass $b_0 \cdot b_1 \cdot \ldots \cdot b_k$ auch $a' - a$ teilt. Da $a' - a < b_0 \cdot b_1 \cdot \ldots \cdot b_k$, ist dies ein Widerspruch.

Die Zahlen $a \in \{0, \ldots, b_0 \cdot b_1 \cdot \ldots \cdot b_k - 1\}$ liefern somit insgesamt $b_0 \cdot b_1 \cdot \ldots \cdot b_k$ viele verschiedene Restsysteme und somit $b_0 \cdot b_1 \cdot \ldots \cdot b_k$ viele Lösungsfolgen $(n_0, \ldots, n_k)$ mit der Eigenschaft $n_i < b_i$. Somit tritt jede dieser Zahlenfolgen einmal als Lösung eines Restsystems auf.

Zu der vorgelegten Zahlenfolge $(n_0, \ldots, n_k)$ wähle man daher b wie oben angegeben und a so, dass die Folge Lösung des zu a gehörenden Restsystems ist. ∎

Satz.
JEDE WHILE-BERECHENBARE FUNKTION IST ARITHMETISCH RE-
PRÄSENTIERBAR.

Beweis: Wir zeigen, dass es für jedes WHILE-Programm P, das die Programmvariablen $x_0, \ldots, x_k$ enthält, eine Formel F_P gibt mit den freien Variablen $x_0, \ldots, x_k$ und $y_0, \ldots, y_k$, so dass für alle m_i und n_i aus $I\!N$ gilt:

$F_P(m_0, \ldots, m_k, n_0, \ldots, n_k)$ ist wahr **genau dann wenn** P, gestartet mit den Variablenwerten $m_0, \ldots, m_k$ stoppt und die Programmvariablen dann die Werte $n_0, \ldots, n_k$ besitzen.

Der Satz ergibt sich dann folgendermaßen: Angenommen, das WHILE-Programm P berechnet eine n-stellige Funktion f mit $n \leq k$. Dann wird f durch folgende Formel F arithmetisch repräsentiert:

$$
F(x_1, \ldots, x_n, y) = \exists w_1 \ldots \exists w_k \, F_P(0, x_1, \ldots, x_n, \underbrace{0, \ldots, 0}_{k-n}, y, w_1, \ldots, w_k)
$$

Wir zeigen die Behauptung nun durch Induktion über den Aufbau des WHILE-Programms P.

P habe die Form $P = x_i := x_j + c$.

Dann ist $F_P = (y_i = x_j + c) \wedge \bigwedge_{l \neq i}(y_l = x_l)$.

P habe die Form $P = x_i := x_j - c$.

Dann ist

$$F_P = [(x_j < c) \vee (x_j = y_i + c)] \wedge [(x_j \geq c) \vee (y_i = 0)] \wedge \bigwedge_{k \neq i}(y_k = x_k)$$

P habe die Form $P = Q; R$.

Dann existieren nach Induktionsvoraussetzung Formeln F_Q und F_R. Wir setzen:

$$F_P = \exists z_0 \ldots \exists z_k \, (F_Q(x_0, \ldots, x_k, z_0, \ldots, z_k) \wedge F_R(z_0, \ldots, z_k, y_0, \ldots, y_k))$$

Den Fall der LOOP-Schleife brauchen wir nicht zu behandeln, da diese durch eine WHILE-Schleife simuliert werden kann. Habe also P die Form $P = WHILE\ x_i \neq 0\ DO\ Q\ END$.

Nach Induktionsvoraussetzung existiert F_Q. Unter Verwenden der Formel G des vorigen Lemmas setzen wir:

$$
\begin{aligned}
F_P \ = \ & \exists a_0 \exists b_0 \ldots \exists a_k \exists b_k \exists t & (1) \\
& [\, G(a_0, b_0, 0, x_0) \wedge \cdots \wedge G(a_k, b_k, 0, x_k) \wedge & (2) \\
& G(a_0, b_0, t, y_0) \wedge \cdots \wedge G(a_k, b_k, t, y_k) \wedge & (3) \\
& \forall j < t \, \exists w \, (G(a_i, b_i, j, w) \wedge (w > 0)) \wedge & (4) \\
& G(a_i, b_i, t, 0) \wedge & (5) \\
& \forall j < t \, \exists w_0 \ldots \exists w_k \, \exists w_0' \ldots \exists w_k' & (6) \\
& [\, F_Q(w_0, \ldots, w_k, w_0', \ldots, w_k') \wedge \\
& G(a_0, b_0, j, w_0) \wedge \cdots \wedge G(a_k, b_k, j, w_k) \wedge \\
& G(a_0, b_0, j + 1, w_0') \wedge \cdots \wedge G(a_k, b_k, j + 1, w_k') \,]\,]
\end{aligned}
$$

Wir besprechen die einzelnen Zeilen dieser Formel. In Zeile (1) wird die Existenz von Zahlenfolgen, jeweils repräsentiert durch ein Paar von Zahlen a_n, b_n gemäß vorigen Lemmas, behauptet. Die Zahlenfolge, die sich hinter a_n, b_n ($n = 0, \ldots, k$) verbirgt, soll die Zahlenwerte darstellen, die die Programmvariable x_n im Verlauf von t WHILE-Schleifendurchläufen erhält. Das heißt, t ist die (behauptete) Gesamtanzahl der WHILE-Schleifendurchläufe, bis x_i den Wert 0 erreicht. Diese intendierte Bedeutung der Zahlen a_n, b_n und t muss

in den folgenden Zeilen im Detail verifiziert werden. In Zeile (2) wird ausgedrückt, dass die Startwerte der Programmvariablen gerade $x_0, \ldots, x_k$ sind;
und entsprechend in Zeile (3), dass die Endwerte der Programmvariablen
gerade $y_0, \ldots, y_k$ sind. Zeile (4) drückt aus, dass während aller Schleifendurchläufe die Programmvariable x_i einen Wert ungleich Null hat, und der
Wert Null dann im t-ten Schritt erreicht wird (Zeile (5)). Ab Zeile (6) kommt
zum Ausdruck, dass während aller Schleifendurchläufe gewährleistet ist, dass
die Variablenwerte vor und nach Ausführung von Q gemäß der Formel F_Q
miteinander verknüpft sind. ∎

Satz.
DIE MENGE DER WAHREN ARITHMETISCHEN FORMELN IST NICHT RE-
KURSIV AUFZÄHLBAR.

Beweis: Für jede Formel F gilt, dass entweder F oder $\neg F$ wahr ist (aber
nicht beide). Wenn die Menge

$$WA = \{F \mid F \text{ ist wahre arithmetische Formel}\}$$

rekursiv aufzählbar wäre, dann wäre sie auch entscheidbar. (Entscheidungsverfahren: Bei Eingabe F, zähle WA auf: $WA = \{F_0, F_1, F_2, \ldots\}$, bis für ein i
$F = F_i$ oder $F = \neg F_i$ ist).

Wir zeigen nun, dass WA nicht entscheidbar (und damit nicht rekursiv aufzählbar) ist. Hierzu sei A eine rekursiv aufzählbare, aber nicht entscheidbare Sprache (etwa $A = K, H, H_0, PCP, \ldots$). Da A rekursiv aufzählbar (also semi-
entscheidbar) ist, ist die Funktion

$$\chi'_A(n) = \begin{cases} 1, & n \in A \\ \textit{undefiniert}, & n \notin A \end{cases}$$

WHILE-berechenbar und mit dem vorigen Satz arithmetisch repräsentierbar
mittels einer Formel $F(x, y)$.

Nun gilt:

$$n \in A \iff \chi'_A(n) = 1$$
$$\iff F(n, 1) \text{ ist wahr}$$
$$\iff F(n, 1) \in WA$$

Mit anderen Worten, die berechenbare Abbildung $n \mapsto F(n, 1)$ vermittelt
eine Reduktion von A nach WA. Da A nicht entscheidbar ist, ist WA auch nicht
entscheidbar und mit der obigen Diskussion auch nicht rekursiv aufzählbar. ∎

Bemerkung: Die Menge *WA* der wahren arithmetischen Formeln heißt in anderen Darstellungen auch die „Arithmetik", die (elementare) „Zahlentheorie", die „Theorie der natürlichen Zahlen mit Addition und Multiplikation", symbolisch auch bezeichnet mit $Th(I\!N)$ oder $Th(I\!N, *, +)$.

Mathematiker waren immer schon an der *Axiomatisierung* (Kalkülisierung) derartiger Theorien interessiert. Ohne auf den „syntaktischen Zuckerguß" spezieller Axiomensysteme oder Kalküle eingehen zu wollen, nehmen wir eine ganz abstrakte Sicht ein: Ein *Beweis* in einem gegebenen Beweissystem muss nach gewissen syntaktischen Regeln aufgebaut sein. Eine Minimalforderung ist es zu verlangen, dass die Menge aller zulässigen Beweise $B \subseteq \Sigma^*$ *entscheidbar* ist. Σ ist hier das „Beweisalphabet". Ferner muss eine berechenbare „Interpretationsfunktion" F mit Definitionsbereich B existieren, so dass $F(b)$ für $b \in B$ angibt, *was* (also welche Formel) durch den Beweis b bewiesen wird.

Bei vielen logischen Beweissystemen sieht dies konkret so aus, dass die Beweise b aus Folgen von Formeln bestehen, so dass diese entweder – vorher festgelegte – *Axiome* sind, oder aus vorherigen Formeln der Folge durch Anwenden einer *Schlussregel* (etwa *modus ponens*) zustande kommen. Die Abbildung F ist dann nichts anderes als eine Projektion auf die letzte Formel der Folge.

Definition. Ein *Beweissystem* für eine Menge $A \subseteq \Gamma^*$ ist ein Paar (B, F) mit folgenden beiden Eigenschaften:

- $B \subseteq \Sigma^*$ ist entscheidbar.

- $F : B \longrightarrow A$ ist eine totale und berechenbare Funktion.

Mit $Bew(B, F)$ bezeichnen wir die Gesamtheit des durch (B, F) Beweisbaren:

$$Bew(B, F) = \{\, y \in \Gamma^* \mid \text{es gibt ein } b \in B \text{ mit } F(b) = y \,\}$$

Ein Beweissystem (B, F) für A heißt *vollständig*, falls $Bew(B, F) \supseteq A$ (also $Bew(B, F) = A$) gilt (mit anderen Worten: falls F surjektiv ist).

Man beachte, dass die so genannte *Korrektheit* des Beweissystems, nämlich $Bew(B, F) \subseteq A$, in der obigen Definition schon „eingebaut" ist.

Satz. (GÖDELSCHER UNVOLLSTÄNDIGKEITSSATZ)
JEDES BEWEISSYSTEM FÜR DIE MENGE DER WAHREN ARITHME-
TISCHEN FORMELN, *WA*, IST NOTWENDIGERWEISE UNVOLLSTÄNDIG
(D.H. ES BLEIBEN IMMER WAHRE ARITHMETISCHE FORMELN ÜBRIG,
DIE NICHT BEWEISBAR SIND).

Skizze:

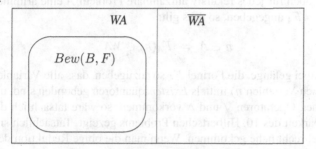

Menge der arithmetischen Formeln

Beweis: Angenommen $WA = Bew(B, F)$ für ein Beweissystem (B, F).
Dann ist *WA* rekursiv aufzählbar, indem man alle $b \in B$ durchläuft und $F(b)$
ausgibt. Dies widerspricht jedoch dem vorigen Satz. ∎

Bemerkung: Das gerade betrachtete Entscheidungsproblem *WA* ist eng ver-
wandt mit einem anderen Problem, dem *10. Hilbertschen Problem*. Auf einem
Mathematikerkongreß im Jahre 1900 stellte David Hilbert 23 Probleme vor,
die er zu dem Zeitpunkt als die wichtigsten in der Mathematik ansah. Das
Problem mit der Nummer 10 bestand darin, bei einer gegebenen Polynomgleichung (mit ganzzahligen Koeffizienten)

$$p(x_1, \ldots, x_n) = 0$$

festzustellen, ob diese eine ganzzahlige Lösung $(x_1, \ldots, x_n)$ hat (eine so genannte *Diophantische Gleichung*).

Bei arithmetischen Formeln werden die Terme aus Konstanten und Variablen
mittels + und ∗ aufgebaut. Das Ergebnis ist immer ein (multivariates) Polynom. Wir haben es allerdings mit Polynomgleichungen der Form $(t_1 = t_2)$ zu
tun; eine solche Gleichung ist äquivalent mit $t_1 - t_2 = 0$. Daher kann man sich
bei Polynomen mit ganzzahligen Koeffizienten darauf beschränken, dass die

rechte Seite gleich Null ist. Ferner können bei arithmetischen Formeln die Polynomgleichungen zusätzlich mittels $\wedge$, $\vee$ und $\neg$ verknüpft werden. Die Aussage $(p = 0) \wedge (q = 0)$ kann äquivalent umgeformt werden in die einzelne Polynomgleichung $p * p + q * q = 0$. Ähnlich kann die Aussage $(p = 0) \vee (q = 0)$ äquivalent umgeformt werden in $p * q = 0$. Das heißt, arithmetische Formeln ohne Quantoren und ohne Negationszeichen können äquivalent in eine *einzelne* Polynomgleichung, wie beim 10. Hilbertschen Problem verlangt, umgeformt werden.

Wir haben oben für jedes rekursiv aufzählbare Problem A eine arithmetische Formel $F = F_A$ angegeben, so dass gilt:

$$n \in A \iff F_A(n) \in WA$$

Wenn es dabei gelänge, die Formel F_A so anzugeben, dass alle Variablen (außer der freien Variablen n) mittels *Existenz*quantoren gebunden sind, und nur die logischen Operatoren $\vee$ und $\wedge$ vorkommen, so wäre tatsächlich die Unentscheidbarkeit des 10. Hilbertschen Problems gezeigt. Tatsächlich sind wir diesem Ziel recht nahe gekommen. Wenn man die obige Reduktion des Halteproblems bei WHILE-Programmen auf *WA* betrachtet (die sich vor allem in der Formel auf Seite 138 ausdrückt), so erkennt man, dass nur ein Allquantor der Form „$\forall j < t$" vorkommt, also noch dazu ein beschränkter Allquantor.

Der letzte Beweisschritt, der darin besteht, diesen beschränkten Allquantor noch los zu werden, ist allerdings nicht einfach und gelang erst 1970 Matjiasevič. Das heißt, inzwischen ist tatsächlich bewiesen, dass das 10. Hilbertsche Problem unlösbar ist. Der Beweis von Matjiasevič zeigt also – mit anderen Worten ausgedrückt – dass sich jede rekursiv aufzählbare Menge A durch eine Polynomgleichung $p_A(x, y_1, \ldots, y_k) = 0$ in dem Sinne ausdrücken lässt, dass $x \in A$ genau dann gilt, wenn es $y_1, \ldots, y_k \in \mathbb{Z}$ gibt mit $p_A(x, y_1, \ldots, y_k) = 0$.

Dies ist interessant, wenn man sich einige spezielle rekursive (und damit rekursiv aufzählbare) Mengen A vergegenwärtigt, wie zum Beispiel die Menge aller Primzahlen. Es folgt, dass es ein *Primzahl-generierendes Polynom q* gibt; man wähle

$$q(x, y_1, \ldots, y_k) = (1 - p_A(x, y_1, \ldots, y_k)^2) \cdot x$$

wobei p_A das der Primzahlmenge A (im obigen Sinne) zugeordnete Polynom ist. Die *positiven* Werte des Polynoms q durchlaufen dann alle Primzahlen, wobei die Werte der Variablen $x, y_1, \ldots, y_k$ alle ganzen Zahlen durchlaufen.

Kapitel 3

Komplexitätstheorie

Die Komplexitätstheorie versucht, algorithmische Probleme (formalisiert als Sprachen) gemäß ihres Bedarfs an „Berechnungsressourcen" (= Rechenzeit, Speicherplatz – als Funktion der Eingabelänge n) zu klassifizieren. Hierbei gibt es zweierlei Aspekte. Einerseits versucht man, für konkrete Aufgabenstellungen möglichst effiziente Verfahren anzugeben und diese gemäß ihres Rechenaufwands zu analysieren. Dies liefert sowohl (evtl. praktisch verwertbare) *Algorithmen* zur Lösung des Problems, als auch eine prinzipielle *obere Schranke* für die Komplexität des Problems. Aus der Tatsache, dass es $O(n^3)$-Algorithmen für das Wortproblem bei kontextfreien Sprachen gibt ($\rightarrow$ CYK-Algorithmus), schließen wir, dass die dem Wortproblem bei kontextfreien Sprachen „inneliegende" Komplexität höchstens $O(n^3)$ ist – sie könnte aber natürlich auch wesentlich kleiner sein.

Hierzu dienen andererseits Beweise von *unteren Schranken*, die meist viel schwieriger zu führen sind. Eine trivialerweise (in vielen Fällen) geltende untere Schranke für die Zeitkomplexität ist n. Dies liegt daran, dass jeder Algorithmus, der ein gewisses gegebenes Problem korrekt löst, zumindest die Eingabe vollständig lesen muss – und dies erfordert n Schritte.

Nachweise von (nicht-trivialen) unteren Schranken sind deshalb so schwierig, weil das Beweisargument *jeden* Algorithmus – auch bisher noch gar nicht erfundene – in Betracht ziehen muss.

Weitere wichtige Fragestellungen in der Komplexitätstheorie betreffen die Stärke verschiedener Maschinenmodelle. Ein Generalthema in der Automatentheorie war beispielsweise die Frage, inwieweit das nichtdeterministische Berechnungsmodell dem deterministischen äquivalent ist, bzw. welchen Aufwand die betreffende Umwandlung hat. Dieses Thema Nichtdeterminismus versus Determinismus wird in der Komplexitätstheorie fortgeführt und

mündet in der zentralen Frage, ob P $=$ NP oder P $\neq$ NP gilt, die wir im
nächsten Abschnitt besprechen.

3.1 Komplexitätsklassen und P-NP-Problem

Man teilt in der Komplexitätstheorie die entscheidbaren Sprachen in *Komplexitätsklassen* ein.

Definition. Sei $f : I\!N \longrightarrow I\!N$ eine Funktion. Die Klasse $TIME(f(n))$ besteht aus allen Sprachen A, für die es eine deterministische Mehrband-Turingmaschine M gibt mit $A = T(M)$ und $time_M(x) \leq f(|x|)$.

Hierbei bedeutet $time_M : \Sigma^* \longrightarrow I\!N$ die Anzahl der Rechenschritte von M bei Eingabe x.

Dadurch, dass wir hier Mehrband-Turingmaschinen zulassen, ergeben sich realistischere Komplexitätsfunktionen f als z.B. bei der Einband-Turingmaschine. Bei der Einbandmaschine würde viel Rechenzeit anfallen für das Hin-und-herlaufen auf dem Band, um irgendwelche Informationen zu finden, die bei einem einzigen Band nur in sequentieller Form abgelegt sein können. Diese Rechenzeitanteile sind lediglich dem eingeschränkten Berechnungsmodell zuzuschreiben, haben aber mit dem zu lösenden Problem nichts (oder nur indirekt) zu tun.

Andererseits wissen wir, dass Mehrbandmaschinen durch Einbandmaschinen simuliert werden können (vgl. Seite 89). Wenn man diese Simulation analysiert, erkennt man, dass eine $f(n)$ rechenzeit-beschränkte Mehrbandmaschine immerhin durch eine $O(f^2(n))$ rechenzeit-beschränkte Einbandmaschine simuliert werden kann.

Wir wollen nun eine Klasse von Funktionen betrachten, bei denen die Operation des Quadrierens nicht aus der Klasse herausführt. Daher spielt es für diese Funktionenklasse keine Rolle, ob wir in der Definition der entsprechenden Komplexitätsklasse Einband- oder Mehrbandmaschinen verwenden. Dies ist die Klasse der *Polynome* und die zugehörige Komplexitätsklasse heißt P.

Definition. Ein *Polynom* ist eine Funktion $p : I\!N \longrightarrow I\!N$ der Form

$$p(n) = a_k n^k + a_{k-1} n^{k-1} + \cdots + a_1 n + a_0 \, , \ a_i \in I\!N, k \in I\!N$$

Die Komplexitätsklasse P ist wie folgt definiert:

$$P = \{A \mid \text{es gibt eine Turingmaschine } M$$
$$\text{und ein Polynom } p \text{ mit}$$
$$T(M) = A \text{ und } time_M(x) \le p(|x|)\}$$
$$= \bigcup_{p \text{ Polynom}} TIME(p(n))$$

Bemerkungen: Für den Nachweis, dass ein Algorithmus polynomiale Komplexität hat, genügt es offensichtlich zu zeigen, dass seine Komplexität $O(n^k)$ für eine Konstante k ist.

Ein Algorithmus mit der Komplexität $n \log n$ ist auch als polynomial anzusehen (obwohl $n \log n$ kein Polynom ist), denn $n \log n = O(n^2)$. Funktionen wie $n^{\log n}$ oder 2^n können dagegen durch kein Polynom nach oben beschränkt werden.

Man kann argumentieren, dass die Klasse P genau diejenigen Probleme umfasst, für die *effiziente* Algorithmen existieren. Ein Algorithmus z.B. der Komplexität 2^n ist dagegen nicht effizient.

Bemerkung: Die Klasse P, ebenso wie noch weit größere Komplexitätsklassen, etwa $TIME(2^n)$ oder gar $TIME(2^{2^{\cdot^{\cdot^{\cdot^{2^2}}}}}$ $\}$ n-mal) sind immer noch in der Klasse der primitiv rekursiven bzw. LOOP-berechenbaren Sprachen enthalten.

Beweis: Wir inspizieren nochmals die Äquivalenzbeweise von TM-Berechenbarkeit, GOTO-Berechenbarkeit und WHILE-Berechenbarkeit. Sei eine Turingmaschine M mit $time_M(x) \le f(|x|)$ gegeben. Diese kann durch ein GOTO-Programm simuliert werden (vgl. Seite 98), wobei für jeden Turingmaschinen-Schritt eine endliche Zahl von Wertzuweisungen bzw. GOTOs zu durchlaufen ist. Dieses GOTO-Programm kann schließlich in ein äquivalentes WHILE-Programm mit nur einer WHILE-Schleife umgeformt werden (vgl. Seite 97). Die Anzahl der WHILE-Schleifendurchläufe ist durch die Komplexität $f(n)$ der Turingmaschine beschränkt. Daher kann die Zeile „WHILE count $\ne 0$ DO" ersetzt werden durch „$y := f(n)$; LOOP y DO". Hierdurch degeneriert das WHILE-Programm zu einem LOOP-Programm. Man erkennt, dass alle mit Komplexität $f(n)$ berechenbaren Funktionen LOOP-berechenbar sind, sofern f selbst eine LOOP-berechenbare Funktion ist (bzw. nach oben durch eine solche beschränkt werden kann). Man beachte, dass die Polynome LOOP-berechenbar sind, da die Additions- und die Multiplikationsfunktion LOOP-berechenbar sind.

Diese Klasse P ist nun relativ unabhängig von der betrachteten Maschine oder Programmiersprache, relativ zu der *time* definiert wird. Wir könnten auch den Rechenzeitbegriff bezogen auf WHILE-Programme definieren und würden dieselbe Klasse P erhalten. Dies muss jedoch in folgender Weise geschehen: Der Zeitaufwand für z.B. eine Wertzuweisung $x_i := x_j$ muss so groß angesetzt werden, wie die Anzahl der Bits, die bei dieser Aktion übertragen werden. (Also etwa $\log x_j$). Man spricht vom *logarithmischen Kostenmaß*. Wenn wir dagegen die Kosten für eine solche elementare Anweisung mit 1 ansetzen, so spricht man vom *uniformen Kostenmaß*. Solange die in den Variablen gespeicherten Zahlenwerte eine Konstante nicht überschreiten, sind beide Kostenmaße (bis auf einen konstanten Faktor) äquivalent – und man kann sich vorstellen, dass es von einem Programm viel einfacher ist, die uniformen Rechenzeitkosten festzustellen als die logarithmischen.

Betrachten wir folgendes Beispiel.

$$\text{INPUT } (n);$$
$$x := 2;$$
$$\text{LOOP } n \text{ DO } x := x * x \text{ END};$$
$$\text{OUTPUT } (x)$$

Unter uniformem Kostenmaß ist dies ein Algorithmus mit polynomialer Komplexität[1]. Der Algorithmus berechnet jedoch die Zahl 2^{2^n}. Allein für das Hinschreiben der Binärdarstellung dieser Zahl benötigt eine Turingmaschine 2^n Schritte. Daher kann ihre Komplexität nicht polynomial beschränkt sein (genausowenig wie die Komplexität des obigen Programms unter dem logarithmischen Kostenmaß). Hier tritt also gerade der Fall ein, dass unter dem uniformen Kostenmaß Rechenoperationen mit 1 gewichtet werden, die ungeheuer große Zahlen beinhalten. Hier ist es nicht realistisch, das uniforme Maß anzuwenden.

Von diesen Extrembeispielen aber abgesehen ist es weit verbreitet, die Komplexität eines Algorithmus – formuliert in einer WHILE-Programm-ähnlichen Sprache – unter dem uniformen Kostenmaß anzugeben.

Man kann die gerade gegebenen Definitionen auch auf *nichtdeterministische* Turingmaschinen ausdehnen. Unter einer *akzeptierenden Rechnung* verstehen wir im Folgenden eine mit der Startkonfiguration beginnende Folge von Konfigurationen, die sukzessive mit $\vdash$ verknüpft sind, so dass die Folge mit einer Konfiguration mit Endzustand endet.

---

[1]Wir nehmen bei dieser Diskussion an, dass die Multiplikation unter dem uniformen Kostenmaß nur eine Zeiteinheit kostet.

Definition. Für nichtdeterministische Turingmaschinen M sei

$$ntime_M(x) = \begin{cases} \min \text{ [Länge einer akzeptierenden} \\ \quad \text{Rechnung von } M \text{ auf } x], & x \in T(M) \\ 0, & x \notin T(M) \end{cases}$$

Sei $f : I\!N \longrightarrow I\!N$ eine Funktion. Die Klasse $NTIME(f(n))$ besteht aus allen Sprachen A, für die es eine *nichtdeterministische* Mehrband-Turingmaschine M gibt mit $A = T(M)$ und $ntime_M(x) \leq f(|x|)$.

Ferner definieren wir:

$$NP = \bigcup_{p \text{ Polynom}} NTIME(p(n))$$

Es ist klar, dass $P \subseteq NP$ gilt; aber ob die beiden Komplexitätsklassen gleich oder echt ineinander enthalten sind, ist unbekannt. Diese Fragestellung ist seit ca. 1970 bekannt und wird *P-NP-Problem* genannt. Dies wird oft als die wichtigste Frage der Theoretischen Informatik überhaupt angesehen.

Die Bedeutung dieser Fragestellung erklärt sich daraus, dass es viele für die Praxis wichtige Aufgabenstellungen gibt, von denen man leicht nachweist, dass sie in NP liegen (z.B. Travelling Salesman Problem, gewisse Reihenfolgeprobleme, das Erfüllbarkeitsproblem der Aussagenlogik u.v.a.m.). Polynomiale Algorithmen für diese Probleme sind aber nicht bekannt. Daher könnte es sich um mögliche Kandidaten für die Mitgliedschaft in NP − P handeln (und damit wären P und NP verschieden). Andererseits ist vielleicht noch niemandem der richtige Algorithmus mit polynomialer Komplexität eingefallen – obwohl er existiert.

Ein zweiter Grund für die Bedeutung und das Interesse an dem P-NP-Problem ist, dass es – insbesondere aufgrund der Arbeiten von S. Cook (1971) und R. Karp (1972) – gelungen ist, eine sehr schöne „Strukturtheorie" für das P-NP-Problem aufzubauen. Zentral ist hierbei der Begriff der *NP-Vollständigkeit*. Es konnte nämlich gezeigt werden, dass alle (bis auf wenige Ausnahmen) der oben angesprochenen NP-Probleme, für die kein polynomialer Algorithmus bekannt ist, in einer Weise miteinander verknüpft sind, so dass entweder *alle* diese Probleme polynomiale Algorithmen besitzen (nämlich falls P = NP) – oder keines (falls P ≠ NP).

Da (z.T. seit Jahrhunderten) von verschiedenen Forschern unabhängig voneinander erfolglos versucht wurde, polynomiale Algorithmen für NP-vollständige Probleme zu finden, wird dies allgemein für ein starkes Indiz (aber natürlich nicht als Beweis) zu Gunsten von P ≠ NP angesehen.

Überblick:

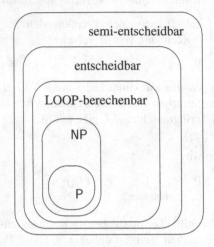

3.2 NP-Vollständigkeit

Wir definieren nun Reduzierbarkeit im Kontext von polynomial zeitbe-
schränkten Berechnungen. Man vergleiche die folgende Definition und das
anschließende Lemma mit denen auf Seite 120.

> **Definition.** Seien $A \subseteq \Sigma^*$ und $B \subseteq \Gamma^*$ Sprachen. Dann heißt A
> *auf B polynomial reduzierbar* – symbolisch mit $A \leq_p B$ bezeich-
> net – falls es eine totale und mit polynomialer Komplexität bere-
> chenbare Funktion $f : \Sigma^* \longrightarrow \Gamma^*$ gibt, so dass für alle $x \in \Sigma^*$
> gilt:
>
> $$x \in A \Longleftrightarrow f(x) \in B.$$

> **Lemma.** Falls $A \leq_p B$ und $B \in \mathsf{P}$ (bzw. $B \in \mathsf{NP}$), so ist auch
> $A \in \mathsf{P}$ (bzw. $A \in \mathsf{NP}$).

Beweis: Es gelte $A \leq_p B$ mittels Funktion f, die durch Turingmaschine
M_f berechnet wird. Das Polynom p begrenze die Rechenzeit von M_f. Ferner
sei $B \in \mathsf{P}$ mittels Turingmaschine M. Die Rechenzeit von M werde durch
ein Polynom q begrenzt. Dann ist auch die Hintereinanderschaltung $M_f; M$
beider Turingmaschinen ein polynomial zeitbeschränkter Algorithmus: Die

Rechenzeit dieser Maschine bei Eingabe x kann durch

$$p(|x|) + q(|f(x)|) \leq p(|x|) + q(p(|x|))$$

begrenzt werden. Auch diese Funktion ist ein Polynom. (Hier fließt die Monotonie der Polynome ein). Es ist nun klar, dass M_f; M gerade A berechnet.

Analog geht der Fall $B \in$ NP mit einer nichtdeterministischen Maschine M. ∎

Wir kommen nun zu der entscheidenden Definition der NP-Vollständigkeit. Intuitiv ist eine Sprache A NP-vollständig, falls A mindestens so schwierig ist wie *jedes* Problem in NP.

> **Definition.** Eine Sprache A heißt *NP-hart*, falls für alle Sprachen $L \in$ NP gilt: $L \leq_p A$.
>
> Eine Sprache A heißt *NP-vollständig*, falls A NP-hart ist und $A \in$ NP gilt.

Mit dem gleichen Beweisargument wie im vorigen Lemma zeigt man, dass $\leq_p$ eine *transitive* Relation auf Sprachen ist. Wenn wir also schon ein NP-hartes Problem A kennen, dann gestaltet sich der Nachweis der NP-Härte für ein anderes Problem B evtl. viel einfacher: Man zeige lediglich $A \leq_p B$. (Denn aus $L \leq_p A$ für alle NP-Probleme L und aus $A \leq_p B$ folgt mit der Transitivität, dass $L \leq_p B$ gilt). Genauso werden wir gleich vorgehen – wir müssen allerdings ein *erstes* NP-hartes bzw. NP-vollständiges Problem bereitstellen.

Satz.
Sei A NP-vollständig. Dann gilt:

$$A \in P \Leftrightarrow P = NP$$

Beweis: Sei $A \in$ P und sei L eine beliebige Sprache in NP. Da A insbesondere NP-hart ist, gilt $L \leq_p A$. Mit dem vorigen Lemma folgt: $L \in$ P. Da L beliebig aus NP gewählt war, folgt P = NP.

Sei umgekehrt P = NP angenommen. Da $A \in$ NP, ist auch $A \in$ P, was zu zeigen war. ∎

Der Satz besagt also, dass es zum Nachweis von P = NP oder von P $\neq$ NP genügt, von *irgendeinem* NP-vollständigen Problem A entweder den Nachweis $A \in$ P oder $A \notin$ P zu führen.

In gewissem Sinn sind die NP-vollständigen Probleme die „schwierigsten"
Probleme in NP. Man glaubt allgemein nicht daran, dass es gelingen wird,
polynomiale Algorithmen für NP-vollständige Sprachen zu finden. Mit anderen Worten, man glaubt, dass P $\neq$ NP gilt.

Der Nachweis der NP-Vollständigkeit für ein gewisses Problem bedeutet also,
dass die Existenz von effizienten Algorithmen für das Problem (wahrschein-
lich) ausgeschlossen ist.

Skizze:

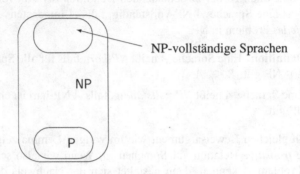

Es stellt sich die Frage, ob es Sprachen mit dieser universellen NP-
Vollständigkeitseigenschaft überhaupt gibt. Wir lernen nun die erste kennen.

Definition. Das *Erfüllbarkeitsproblem der Aussagenlogik*, kurz
SAT, ist das Folgende:

> *gegeben:* eine Formel F der Aussagenlogik
>
> *gefragt:* Ist F erfüllbar, d.h. gibt es eine Belegung der
> Variablen mit Konstanten $\in \{0,1\}$, so dass F den
> Wert 1 erhält?

Wir haben das Problem *SAT* hier in der *gegeben – gefragt* Notation angegeben. Zur eigentlichen Sprache *SAT* gelangen wir, indem (in diesem Falle)
Formeln geeignet über einem Alphabet Σ codiert werden:

$$SAT = \{ \text{code}(F) \in \Sigma^* \mid F \text{ ist eine erfüllbare Formel der Aussagenlogik} \}$$

Satz. (COOK)

DAS ERFÜLLBARKEITSPROBLEM DER AUSSAGENLOGIK, SAT, IST NP-VOLLSTÄNDIG.

Beweis: Wir zeigen zunächst $SAT \in$ NP. Eine nichtdeterministische Maschine M kann erfüllbare Formeln F wie folgt erkennen. Zunächst wird in einem Durchlauf über die Eingabe festgestellt, welche Variablen in der Formel F vorkommen. Nehmen wir an, dies seien $x_1, \ldots, x_k$. In der eigentlichen nichtdeterministischen Phase „rät" M nun Werte $a_1, \ldots, a_k$, $a_i \in \{0, 1\}$, für die Variablen und setzt diese in F ein. (Das heißt, zu diesem Zeitpunkt existieren 2^k mögliche nichtdeterministische unabhängige Rechnungen – für jede Belegung eine). Als Nächstes rechnet M den Wert von F (unter der betreffenden Belegung) in deterministischer Art aus und geht in einen akzeptierenden Endzustand über genau dann, wenn der Wert =1 ist.

Nun gilt: $F \in SAT$ genau dann, wenn es eine nichtdeterministische Rechnung von M gibt, die F akzeptiert. Da außerdem $k \leq |F|$ ist, ist die (nichtdeterministische!) Rechenzeit von M polynomial. Also ist $SAT \in$ NP.

Der Hauptteil der Beweises besteht in dem Nachweis der NP-Härte von SAT. Hierzu sei L ein beliebiges NP-Problem. Dann ist $L = T(M)$ für eine nichtdeterministische, polynomial zeitbeschränkte Turingmaschine M. (Wir können annehmen, dass M's δ-Funktion die Zeile $\delta(z_e, a) \ni (z_e, a, N)$ enthält, so dass ein einmal erreichter Endzustand nie mehr verlassen wird). Sei p ein Polynom, das die Rechenzeit von M beschränkt. Sei $x = x_1 x_2 \ldots x_n \in \Sigma^*$ eine Eingabe für M.

Wir geben nun eine Boolesche Formel F an, so dass gilt:

$$x \in L \quad \Leftrightarrow \quad F \text{ ist erfüllbar}$$

Sei $\Gamma = \{a_1, \ldots, a_l\}$ das Arbeitsalphabet von M und $Z = \{z_1, \ldots, z_k\}$ die Zustandsmenge. Die gesuchte Formel F enthält folgende Boolesche Variablen, die wir im Folgenden auflisten. Wir geben hierbei gleich die intendierte Bedeutung der Variablen an.

Variable	Indizes	intendierte Bedeutung
$zust_{t,z}$	$t = 0, 1, \ldots, p(n)$ $z \in Z$	$zust_{t,z} = 1 \Leftrightarrow$ nach t Schritten befindet sich M im Zustand z
$pos_{t,i}$	$t = 0, 1, \ldots, p(n)$ $i = -p(n), \ldots, p(n)$	$pos_{t,i} = 1 \Leftrightarrow$ M's Schreib-Lesekopf befindet sich nach t Schritten auf Position i
$band_{t,i,a}$	$t = 0, 1, \ldots, p(n)$ $i = -p(n), \ldots, p(n)$ $a \in \Gamma$	$band_{t,i,a} = 1 \Leftrightarrow$ nach t Schritten befindet sich auf Bandposition i das Zeichen a

Die Formel F besteht aus mehreren Bestandteilen. Insbesondere kommt mehrfach eine Teilformel G vor, die folgende Eigenschaft hat.

$$G(x_1, \ldots, x_m) = 1 \quad \Leftrightarrow \quad \text{für } \textit{genau ein } i \text{ ist } x_i = 1$$

Die Größe dieser Formel G is $O(m^2)$. Dieses wird im nachfolgenden Lemma gezeigt.

F hat die Bauart:

$$F = R \wedge A \wedge \ddot{U}_1 \wedge \ddot{U}_2 \wedge E$$

Hierbei beschreibt R gewisse *Randbedingungen*, A die *Anfangsbedingung*, $\ddot{U}_1$ und $\ddot{U}_2$ beschreiben gewisse *Übergangsbedingungen* und E beschreibt die *Endbedingung*.

In R wird ausgedrückt, dass zu jedem Zeitpunkt t für genau ein z gilt: $zust_{t,z} = 1$. Ferner gibt es zu jedem Zeitpunkt t genau eine Bandposition i, so dass $pos_{t,i} = 1$ gilt. Weiterhin muss zu jedem Zeitpunkt t und jeder Bandposition i für genau ein a gelten: $band_{t,i,a} = 1$.

$$R = \bigwedge_t [\, G(zust_{t,z_1}, \ldots, zust_{t,z_k}) \wedge G(pos_{t,-p(n)}, \ldots, pos_{t,p(n)})$$

$$\wedge \bigwedge_i G(band_{t,i,a_1}, \ldots, band_{t,i,a_l}) \,]$$

A beschreibt den Status der Variablen für den Fall $t = 0$.

$$A = zust_{0,z_0} \wedge pos_{0,1} \wedge \bigwedge_{j=1}^{n} band_{0,j,x_j} \wedge \bigwedge_{j=-p(n)}^{0} band_{0,j,\square} \wedge \bigwedge_{j=n+1}^{p(n)} band_{0,j,\square}$$

$\ddot{U}_1$ beschreibt den Übergang vom Zeitpunkt t nach $t + 1$ an denjenigen Bandpositionen, wo sich der Kopf befindet (hierbei wird $y \in \{-1, 0, +1\}$ angenommen).

$$\ddot{U}_1 = \bigwedge_{t,z,i,a} [(zust_{t,z} \wedge pos_{t,i} \wedge band_{t,i,a})$$
$$\rightarrow \bigvee_{\substack{z',a',y \text{ mit} \\ \delta(z,a) \ni (z',a',y)}} (zust_{t+1,z'} \wedge pos_{t+1,i+y} \wedge band_{t+1,i,a'})]$$

$\ddot{U}_2$ besagt, dass auf Bandfeldern, auf denen der Kopf nicht steht, sich der Bandinhalt nicht ändern darf.

$$\ddot{U}_2 = \bigwedge_{t,i,a} ((\neg pos_{t,i} \wedge band_{t,i,a}) \rightarrow band_{t+1,i,a})$$

E prüft nach, ob ein Endzustand erreicht wird. (Insbesondere wird dieser dann im Zeitpunkt $p(n)$ erreicht).

$$E = \bigvee_{z \in E} zust_{p(n),z}$$

Nehmen wir zunächst an, x sei in L. Dann gibt es eine nichtdeterministische Rechnung der Länge $p(n)$, die in einen Endzustand führt. Wenn alle Booleschen Variablen gemäß der angegebenen Intention – bezogen auf diese akzeptierende Rechnung – mit Wahrheitswerten belegt werden, so erhalten alle Teilformeln von F den Wert 1, also auch F. Also ist F erfüllbar.

Nehmen wir umgekehrt an, F sei erfüllbar durch eine gewisse Belegung der Variablen. Da durch diese Belegung insbesondere auch R erfüllt wird, hat diese Belegung die Eigenschaft, dass für jedes t die Variablenwerte von $zust_{t,z}$, $pos_{t,i}$ und $band_{t,i,a}$ sinnvoll als Konfiguration von M interpretiert werden können.

Da die Belegung auch A erfüllt, entspricht die für $t = 0$ aus den Variablenwerten abzulesende Konfiguration gerade der Startkonfiguration von M bei Eingabe x.

Da die Belegung auch $\ddot{U}_1$ und $\ddot{U}_2$ erfüllt, ist zwischen t und $t + 1$ immer die Nachfolgekonfigurationsbedingung erfüllt. Das heißt, es wird durch die Variablenbelegung für $t = 0, 1, 2, \dots$ eine mögliche nichtdeterministische Rechnung beschrieben.

Da die Belegung auch E erfüllt, endet diese Rechnung in einer Endkonfiguration. Das heißt, die Eingabe x liegt in $T(M) = L$.

Als Nächstes beobachten wir noch, dass die Formel F in polynomialer Zeit berechnet werden kann. Da die Formel nach den obigen Angaben von einer Turingmaschine bei Eingabe x unmittelbar „hingeschrieben" werden kann, ist die Rechenzeit linear mit der Länge der Formel verknüpft. Wir rechnen nach, dass alle Teilformeln von F polynomiale Länge (in $n = |x|$) haben:[2]

$$
\begin{aligned}
|R| &= O(p(n)^3), \\
|A| &= O(p(n)), \\
|\ddot{U}_1| &= O(p(n)^2), \\
|\ddot{U}_2| &= O(p(n)^2), \\
|E| &= O(1).
\end{aligned}
$$

∎

Um den Beweis des Satzes zum Abschluss zu bringen, muss noch das folgende Lemma bewiesen werden.

Lemma. Für jedes m gibt es eine Formel G mit den Variablen $x_1, \ldots, x_m$, so dass G genau dann den Wahrheitswert 1 erhält, wenn *genau eine* der Variablen mit 1 belegt wird.

Die Formel G hat die Größe $O(m^2)$.

Beweis: Man wähle

$$
G = \left(\bigvee_{i=1}^{m} x_i \right) \wedge \left(\bigwedge_{j=1}^{m-1} \bigwedge_{l=j+1}^{m} \neg(x_j \wedge x_l) \right)
$$

Die erste Teilformel wird genau dann wahr, wenn *mindestens eine* Variable wahr ist. Die zweite Teilformel wird genau dann wahr, wenn *höchstens eine* Variable wahr ist (d.h. wenn es keine zwei verschiedenen Variablen gibt, die wahr werden).

Die Größe der Formel ist offensichtlich $O(m^2)$.   ∎

Der erste Teil des Beweises, in dem gezeigt wird, dass *SAT* in NP liegt, ist typisch für fast alle NP-Probleme: Der Nichtdeterminismus wird verwendet, um die fragliche Struktur (hier: erfüllende Belegung) zu „erraten". Danach wird nur überprüft, ob die nichtdeterministisch generierte Struktur tatsächlich

---

[2]Die eigentliche Länge einer Formel hängt natürlich von der verwendeten Codierung (vgl. Seite 150) ab. Was wir hier abschätzen, ist die Anzahl der Variablenpositionen in der Formel. Diese hängt sicher polynomial mit der eigentlichen Codierungslänge zusammen.

eine Lösung darstellt („guess and check"). Für die meisten NP-vollständigen Probleme gestaltet sich der Nachweis für die Zugehörigkeit in NP auf diese einfache Art.

Bemerkung: Die bekannten deterministischen Algorithmen zur Berechnung von *SAT* haben die Komplexität $2^{O(n)}$ – etwa indem man alle Belegungen der Eingabeformel systematisch durchprobiert. Da jede Sprache $L \in$ NP auf *SAT* reduzierbar ist, kann die deterministische Komplexität von L nach oben mit $2^{p(n)}$, p ein geeignetes Polynom, abgeschätzt werden (vgl. auch das Beweisargument im Lemma, Seite 148). Formelhaft ausgedrückt:

$$\text{NP} \subseteq \bigcup_{p \text{ Polynom}} TIME(2^{p(n)})$$

3.3 Weitere NP-vollständige Probleme

Wir wollen noch ein paar weitere bekannte NP-vollständige Probleme vorstellen. Der Nachweis der NP-Vollständigkeit gestaltet sich von jetzt ab einfacher als bei *SAT*. Wir brauchen nur eine polynomiale Reduktion von *SAT* zu dem fraglichen Problem angeben.

Im Einzelnen werden wir folgende Reduktionen von *SAT* aus nachweisen:

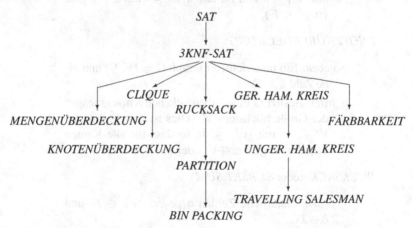

Wir stellen diese algorithmischen Probleme nun vor.

Definition.

3KNF-SAT

> *gegeben:* Eine Boolesche Formel F in konjunktiver Normalform (Klauselform) mit höchstens 3 Literalen pro Klausel.
>
> *gefragt:* Ist F erfüllbar?

MENGENÜBERDECKUNG

> *gegeben:* Eine Mengensystem über einer endlichen Grundmenge M, also $T_1, \ldots, T_k \subseteq M$, sowie eine Zahl $n \leq k$.
>
> *gefragt:* Gibt es eine Auswahl aus n Mengen $T_{i_1}, \ldots, T_{i_n}$, bei der bereits alle Elemente aus M vorkommen?

CLIQUE

> *gegeben:* Ein ungerichteter Graph $G = (V, E)$ und eine Zahl $k \in \mathbb{N}$.
>
> *gefragt:* Besitzt G eine „Clique" der Größe mindestens k? (Dies ist eine Teilmenge V' der Knotenmenge mit $|V'| \geq k$ und für alle $u, v \in V'$ mit $u \neq v$ gilt: $\{u, v\} \in E$).

KNOTENÜBERDECKUNG

> *gegeben:* Ein ungerichteter Graph $G = (V, E)$ und eine Zahl $k \in \mathbb{N}$.
>
> *gefragt:* Besitzt G eine „überdeckende Knotenmenge" der Größe höchstens k? (Dies ist eine Teilmenge $V' \subseteq V$ mit $|V'| \leq k$, so dass für alle Kanten $\{u, v\} \in E$ gilt: $u \in V'$ oder $v \in V'$).

RUCKSACK (oder *SUBSET SUM*)

> *gegeben:* Natürliche Zahlen $a_1, a_2, \ldots, a_k \in \mathbb{N}$ und $b \in \mathbb{N}$.
>
> *gefragt:* Gibt es eine Teilmenge $I \subseteq \{1, 2, \ldots, k\}$ mit $\sum_{i \in I} a_i = b$?

PARTITION

> *gegeben:* Natürliche Zahlen $a_1, a_2, \ldots, a_k \in I\!N$.
>
> *gefragt:* Gibt es eine Teilmenge $J \subseteq \{1, 2, \ldots, k\}$ mit $\sum_{i \in J} a_i = \sum_{i \notin J} a_i$?

BIN PACKING

> *gegeben:* Eine „Behältergröße" $b \in I\!N$, die Anzahl der Behälter $k \in I\!N$, „Objekte" $a_1, a_2, \ldots, a_n \leq b$.
>
> *gefragt:* Können die Objekte so auf die k Behälter verteilt werden, dass kein Behälter überläuft? (Das heißt: gefragt ist, ob eine Abbildung $f : \{1, \ldots, n\} \longrightarrow \{1, \ldots, k\}$ existiert, so dass für alle $j = 1, \ldots, k$ gilt: $\sum_{f(i)=j} a_i \leq b$).

GERICHTETER HAMILTON-KREIS

> *gegeben:* Ein gerichteter Graph $G = (V, E)$.
>
> *gefragt:* Besitzt G einen Hamilton-Kreis? (Dies ist eine Permutation π der Knotenindizes $(v_{\pi(1)}, v_{\pi(2)}, \ldots, v_{\pi(n)})$, so dass für $i = 1, \ldots, n - 1$ gilt: $(v_{\pi(i)}, v_{\pi(i+1)}) \in E$ und außerdem $(v_{\pi(n)}, v_{\pi(1)}) \in E$).

UNGERICHTETER HAMILTON-KREIS

> *gegeben:* Ein ungerichteter Graph $G = (V, E)$.
>
> *gefragt:* Besitzt G einen Hamilton-Kreis? (Dies ist eine Permutation π der Knotenindizes $(v_{\pi(1)}, v_{\pi(2)}, \ldots, v_{\pi(n)})$, so dass für $i = 1, \ldots, n - 1$ gilt: $\{v_{\pi(i)}, v_{\pi(i+1)}\} \in E$ und außerdem $\{v_{\pi(n)}, v_{\pi(1)}\} \in E$).

TRAVELLING SALESMAN

> *gegeben:* Eine $n \times n$ Matrix $(M_{i,j})$ von „Entfernungen" zwischen n „Städten" und eine Zahl k.
>
> *gefragt:* Gibt es eine Permutation π (eine „Rundreise"), so dass $\sum_{i=1}^{n-1} M_{\pi(i),\pi(i+1)} + M_{\pi(n),\pi(1)} \leq k$?

FÄRBBARKEIT

>   *gegeben:* Ein ungerichteter Graph $G = (V, E)$ und ei-
>   ne Zahl $k \in I\!N$.
>
>   *gefragt:* Gibt es eine Färbung der Knoten in V mit k
>   verschiedenen Farben, so dass keine zwei benach-
>   barten Knoten in G dieselbe Farbe haben?

Man überzeugt sich leicht davon, dass alle diese Probleme mit dem „guess and check" Argument in NP liegen. Für den Nachweis der NP-Vollständigkeit können wir uns im Folgenden auf den Nachweis der NP-Härte konzentrieren.

Satz.
3KNF-SAT IST NP-VOLLSTÄNDIG.

Beweis: Es genügt, *SAT* $\leq_p$ *3KNF-SAT* zu zeigen. Das heißt, wir müssen ein polynomiales Verfahren angeben, das beliebige Boolesche Formeln F in solche in konjunktiver Normalform mit höchstens 3 Literalen pro Klausel, F', umformt, so dass gilt:

$$F \text{ ist erfüllbar} \iff F' \text{ ist erfüllbar}$$

Das heißt, es ist lediglich *Erfüllbarkeitsäquivalenz* zwischen F und F' verlangt, nicht jedoch Äquivalenz im strengen Sinne. (Man erinnere sich daran, dass zwar grundsätzlich jede Formel äquivalent in konjunktive Normalform umformbar ist, dass das Verfahren aber exponentiellen Aufwand hat – außerdem werden nicht notwendigerweise nur 3 Literale pro Klausel erzeugt).

Wir formen F in mehreren Schritten (erfüllbarkeitsäquivalent) um. Dies stellen wir am besten an einem Beispiel dar.

Sei $F = \neg(\neg(x_1 \vee \neg x_3) \vee x_2)$. Es ist anschaulicher, sich die Formel in einer Baumstruktur vorzustellen:

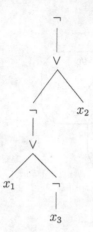

1. Schritt: Wir wenden nun deMorgan's Regeln an und bringen alle Negationszeichen zu den Blättern. Hierbei ändern sich evtl. $\vee$ zu $\wedge$ und umgekehrt. Das heißt, nach diesem Schritt sind die Blätter nur mit negierten oder unnegierten Variablen beschriftet und im Innern des Baumes kommt nur $\vee$ und $\wedge$ vor. Dieser Umformungsschritt erfordert nur einen Durchlauf über die Formel und kann daher mit linearer Komplexität realisiert werden.

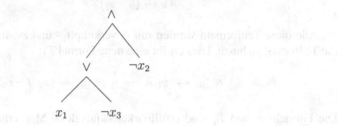

2. Schritt: Wir ordnen jedem inneren Knoten eine neue Variable $\in$ $\{y_0, y_1, \ldots\}$ zu. Hierbei wird der Baumwurzel gerade y_0 zugeordnet.

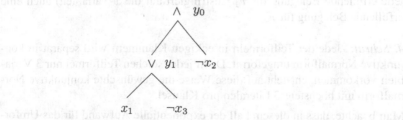

3.Schritt: Wir fassen jede Verzweigung (gedanklich) zu einer Dreier-Gruppe zusammen:

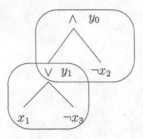

Jeder Verzweigung der Bauart

mit $\circ \in \{\vee, \wedge\}$ ordnen wir eine Teilformel der Form

$$(v \leftrightarrow (y \circ z))$$

zu. Alle diese Teilformeln werden mit $\wedge$ verknüpft – und zusätzlich kommt die Teilformel y_0 hinzu. Dies ergibt eine neue Formel F_1:

$$F_1 = [y_0] \wedge [y_0 \leftrightarrow (y_1 \wedge \neg x_2)] \wedge [y_1 \leftrightarrow (x_1 \vee \neg x_3)]$$

Die Formeln F und F_1 sind erfüllbarkeitsäquivalent. Man erhält aus einer erfüllenden Belegung für F eine für F_1, indem man die Belegung der x-Variablen übernimmt und die y-Variablen entsprechend den an den zugeordneten Baumknoten sich ergebenden Wahrheitswerten belegt. Umgekehrt ist jede erfüllende Belegung für F_1 (restringiert auf die x-Variablen) auch eine erfüllende Belegung für F.

4. Schritt: Jede der Teilformeln in eckigen Klammern wird separat in konjunktive Normalform umgeformt. Da in jeder solchen Teilformel nur 3 Variablen vorkommen, entsteht auf diese Weise die gewünschte konjunktive Normalform mit höchstens 3 Literalen pro Klausel.

Man beachte, dass in diesem Fall der exponentielle Aufwand für das Umformen in konjunktive Normalform keine Rolle spielt, da wir den Umformungsalgorithmus nur auf gewisse Teilformeln *konstanter* Größe anwenden. Das heißt, jede Teilformel in eckigen Klammern kann mit konstantem Aufwand umgeformt werden – und zwar nach folgendem „Rezept":

$$[a \leftrightarrow (b \vee c)] \;\mapsto\; (a \vee \neg b) \wedge (\neg a \vee b \vee c) \wedge (a \vee \neg c)$$
$$[a \leftrightarrow (b \wedge c)] \;\mapsto\; (\neg a \vee b) \wedge (\neg a \vee c) \wedge (a \vee \neg b \vee \neg c)$$

Wir erhalten also:

$$F' = y_0 \wedge (\neg y_0 \vee y_1) \wedge (\neg y_0 \vee \neg x_2) \wedge (y_0 \vee \neg y_1 \vee x_2)$$
$$\wedge \, (y_1 \vee \neg x_1) \wedge (\neg y_1 \vee x_1 \vee \neg x_3) \wedge (y_1 \vee x_3)$$

Alle Umformungsschritte können mit polynomialen Aufwand durchgeführt werden, daher ist $SAT \leq_p 3KNF\text{-}SAT$ gezeigt. ∎

Es ist interessant zu bemerken, dass das entsprechend definierte Problem *2KNF-SAT* bereits in P liegt: Zunächst beobachten wir, dass es nur polynomial (in n) viele verschiedene Klauseln mit 2 Literalen über der Variablenmenge $x_1, \ldots, x_n$ gibt. Mit der Methode der Resolution kann die (Un)Erfüllbarkeit einer Klauselmenge festgestellt werden. Die Resolvente zweier 2-elementigen Klauseln ist selbst wieder nur höchstens 2-elementig. Daher ist die Menge der potenziellen Resolventen – und damit die Rechenzeit für den Erfüllbarkeitstest – polynomial beschränkt.

Satz.
MENGENÜBERDECKUNG IST NP-VOLLSTÄNDIG.

Beweis: Wir zeigen *3KNF-SAT* $\leq_p$ *MENGENÜBERDECKUNG*. Sei $F = K_1 \wedge \ldots \wedge K_m$ eine Formel in konjunktiver Normalform. Diese Formel enthalte n Variablen und m Klauseln. Dann wählen wir als Grundmenge $M = \{1, 2, \ldots, m, m+1, \ldots, m+n\}$. Für jedes $i = 1, \ldots, n$ sei

$$T_i = \{j \mid x_i \text{ kommt in Klausel } K_j \text{ vor}\} \cup \{m+i\}$$
$$T_i' = \{j \mid \overline{x_i} \text{ kommt in Klausel } K_j \text{ vor}\} \cup \{m+i\}$$

Das Mengensystem bestehe aus $T_1, \ldots, T_n, T_1', \ldots, T_n' \subseteq M$. Nun gilt: Wenn es eine Belegung der n Variablen gibt, so dass alle Klauseln in F erfüllt werden, so können wir eine Teilauswahl des Mengensystems bilden, indem wir für $i = 1, \ldots, n$ gerade die Menge T_i auswählen, wenn diese Belegung x_i auf 1 setzt, ansonsten wählen wir T_i' aus. Diese Teilmenge des Mengensystems besteht aus n Mengen und hat die Eigenschaft, dass jedes Element von M hierin vorkommt. Sei umgekehrt $\{U_1, \ldots, U_n\} \subseteq \{T_1, \ldots, T_n, T_1', \ldots, T_n'\}$ eine n-elementige Teilmenge des Mengensystems, die alle Elemente der Grundmenge M erfasst. Dann muss in dieser Auswahl für jedes $i = 1, \ldots, n$ genau eine Menge enthalten sein, die die Zahl $m+i$ enthält; sagen wir $U_1 \in \{T_1, T_1'\}$, $U_2 \in \{T_2, T_2'\}, \ldots, U_n \in \{T_n, T_n'\}$. Wenn wir nun umgekehrt die Belegung betrachten, die für $i = 1, \ldots, n$ die Variable x_i genau dann auf 1 setzt, wenn $U_i = T_i$, so muss dies eine erfüllende Belegung ergeben, da in der Mengenauswahl alle Zahlen aus der Menge $\{1, \ldots, m\}$ vorkommen. Damit ist die polynomiale Reduktion von *3KNF-SAT* nach *MENGENÜBERDECKUNG* nachgewiesen. ∎

Satz.
CLIQUE IST NP-VOLLSTÄNDIG.

Beweis: Wir zeigen *3KNF-SAT* $\leq_p$ *CLIQUE*. Sei F eine Formel in konjunktiver Normalform mit genau 3 Literalen pro Klausel. (Wir können der Einfachheit halber *genau* 3 Literale annehmen, indem wir Literale in der Klausel verdoppeln). Sei also

$$F = (z_{11} \lor z_{12} \lor z_{13}) \land \cdots \land (z_{m1} \lor z_{m2} \lor z_{m3})$$

wobei

$$z_{ij} \in \{x_1, x_2, \ldots\} \cup \{\neg x_1, \neg x_2, \ldots\}$$

Der Formel F wird nun ein Graph $G = (V, E)$ und eine Zahl $k \in \mathbb{N}$ zugeordnet: Setze

$$
\begin{aligned}
V &= \{(1,1), (1,2), (1,3), \ldots, (m,1), (m,2), (m,3)\} \\
E &= \{\{(i,j), (p,q)\} \mid i \neq p \text{ und } z_{ij} \neq \neg z_{pq}\} \\
k &= m
\end{aligned}
$$

Es gilt nun:

F ist erfüllbar durch eine Belegung B

genau dann wenn es gibt in jeder Klausel ein Literal, das unter B den Wert 1 erhält, z.B. $z_{1,j_1}, z_{2,j_2}, \ldots, z_{m,j_m}$

genau dann wenn es gibt Literale $z_{1,j_1}, z_{2,j_2}, \ldots, z_{m,j_m}$, die paarweise nicht komplementär sind

genau dann wenn es gibt Knoten $(1, j_1), (2, j_2), \ldots, (m, j_m)$ in G, die paarweise verbunden sind.

genau dann wenn G hat eine Clique der Größe k.

Die Abbildung $F \mapsto (G, k)$ ist offensichtlich polynomial berechenbar. ∎

Satz.
KNOTENÜBERDECKUNG IST NP-VOLLSTÄNDIG.

Beweis: Es gibt eine triviale Reduktion von *CLIQUE* nach *KNOTENÜBERDECKUNG*: Der Graph $G = (V, E)$ und die Zahl k werden abgebildet auf den Komplementgraphen $\overline{G} = (V, \{\{u, v\} \mid u, v \in V, \{u, v\} \notin E\})$ und die Zahl $|V| - k$. ∎

Satz.
RUCKSACK IST NP-VOLLSTÄNDIG.

Beweis: Wir reduzieren *3KNF-SAT* auf *RUCKSACK*. Sei

$$F = (z_{11} \vee z_{12} \vee z_{13}) \wedge \cdots \wedge (z_{m1} \vee z_{m2} \vee z_{m3})$$

wobei

$$z_{ij} \in \{x_1, x_2, \ldots, x_n\} \cup \{\neg x_1, \neg x_2, \ldots, \neg x_n\}$$

eine Formel in 3-konjunktiver Normalform. Es ist also m die Anzahl der Klauseln und n die Anzahl der vorkommenden Variablen. Wir müssen nun, dem RUCKSACK-Problem gemäß, Zahlen $a_1, \ldots, a_k$ und b angeben.

Die Zahl b ist gegeben durch:

$$b = \underbrace{444 \ldots 44}_{m} \underbrace{11 \ldots 11}_{n}$$

also, etwa im Dezimalsystem, m mal die Ziffer 4, dann n mal die Ziffer 1.

Im Folgenden fixieren wir der einfacheren Darstellung wegen Werte für m und n. Sagen wir, wir haben 3 Klauseln und 5 vorkommende Variablen. Dann lautet b also:

$$b = 444\,11111$$

Außerdem fixieren wir ein konkretes Beispiel und beziehen uns im Folgenden auf das Beispiel. Sei also

$$F = (x_1 \lor \neg x_3 \lor x_5) \land (\neg x_1 \lor x_5 \lor x_4) \land (\neg x_2 \lor \neg x_2 \lor \neg x_5)$$

Die Zahlen a_i unterteilen wir in verschiedene Klassen.

Die Zahlen $v_1, \ldots, v_n$ sind folgendermaßen definiert. An der i-ten Position in v_1 steht eine 1, falls die Variable x_1 in Klausel i – in positiver Form – vorkommt (eine 2 falls die Variable zweimal vorkommt, eine 3 falls sie dreimal vorkommt). Im hinteren Ziffernblock steht an Position 1 eine 1. Analog ist v_2, bezogen auf die Vorkommen von x_2, definiert. Ferner steht im hinteren Ziffernblock die 1 an Position 2, etc.

Konkret für das obige Beispiel lauten die Zahlen:

$$
\begin{aligned}
v_1 &= 100\ 10000 \\
v_2 &= 000\ 01000 \\
v_3 &= 000\ 00100 \\
v_4 &= 010\ 00010 \\
v_5 &= 110\ 00001
\end{aligned}
$$

Die Zahlen v_i' sind völlig analog definiert, nur auf die *negativen Vorkommen* der Variablen bezogen.

Am konkreten Beispiel ergibt dies:

$$
\begin{aligned}
v_1' &= 010\ 10000 \\
v_2' &= 002\ 01000 \\
v_3' &= 100\ 00100 \\
v_4' &= 000\ 00010 \\
v_5' &= 001\ 00001
\end{aligned}
$$

Schließlich haben wir noch Zahlen c_j und d_j für $j = 1, \ldots, m$, die so aufgebaut sind, dass im ersten Ziffernblock an Position j eine 1 (bei c_j), bzw. eine 2 (bei d_j) steht.

Konkret:

$$
\begin{aligned}
c_1 &= 100\ 00000 \\
c_2 &= 010\ 00000 \\
c_3 &= 001\ 00000
\end{aligned}
$$

$$d_1 \;=\; 200\,00000$$
$$d_2 \;=\; 020\,00000$$
$$d_3 \;=\; 002\,00000$$

Nun ergibt sich folgendes: Wenn die Formel F eine erfüllende Belegung besitzt, so lässt sich eine Auswahl aus den Zahlen treffen, die sich zu b aufsummiert: Für jedes $i = 1, \ldots, n$ nehme man v_i bzw. v_i' in die Auswahl auf, falls die Belegung die Variable x_i auf 1 bzw. auf 0 setzt.

Konkretes Beispiel: Eine erfüllende Belegung wäre etwa

$$x_1 \;\mapsto\; 1$$
$$x_2 \;\mapsto\; 0$$
$$x_3 \;\mapsto\; 0$$
$$x_4 \;\mapsto\; 1$$
$$x_5 \;\mapsto\; 0$$

Dies ergibt die Auswahl $v_1, v_2', v_3', v_4, v_5'$. Diese Zahlen summieren sich auf zu 21311111. Indem wir nun noch geeignet c_j und/oder d_j hinzunehmen, in diesem Fall d_1, c_2, d_2, c_3, erhalten wir die gewünschte Summe b ($= 444\,11111$).

Sei umgekehrt eine Auswahl von Zahlen gegeben, die sich exakt zu b aufsummiert. Da die Konstruktion der Zahlen so angelegt ist, dass keine Überträge zwischen den einzelnen Ziffern möglich sind, muss diese Auswahl derart sein, dass für jedes i *genau eine* der beiden Zahlen v_i und v_i' ausgewählt wurde. Wir behaupten, dass die Belegung, die man umgekehrt dieser Auswahl von v_i, v_i' zuordnen kann, eine erfüllende Belegung für F ist, also in jeder Klausel mindestens ein Literal wahr macht. Nehmen wir an, dies ist nicht so, dann bleibt für irgendein j die j-te Ziffer (die der Klausel j zugeordnet ist) beim Aufsummieren gleich 0. Dann kann aber durch Hinzuaddieren von c_j und d_j nicht mehr die in b geforderte Ziffer 4 erreicht werden. ∎

Satz.
PARTITION IST NP-VOLLSTÄNDIG.

Beweis: Sei $(a_1, a_2, \ldots, a_k, b)$ ein gegebenes RUCKSACK-Problem. Wir setzen $M = \sum_{i=1}^{k} a_i$, und definieren folgende Abbildung

$$(a_1, a_2, \ldots, a_k, b) \;\mapsto\; (a_1, a_2, \ldots, a_k, M - b + 1, b + 1)$$

und zeigen, dass sie eine Reduktion von *RUCKSACK* nach *PARTITION* vermittelt.

Wenn $I \subseteq \{1, \ldots, k\}$ eine Lösung des RUCKSACK-Problems darstellt, dann ist $I \cup \{k+1\}$ eine Lösung des Partitionsproblems, wie man leicht nachrechnet.

Wenn J eine Lösung des Partitionsproblems ist, dann können die Zahlen $M - b + 1$ und $b + 1$ nicht beide in J oder beide nicht in J liegen, da ihre Summe zu groß ist. Nehmen wir o.B.d.A. an, $M - b + 1$ liegt in J, dann ist J (ohne die Zahl $M - b + 1$) eine Lösung des RUCKSACK-Problems, denn die Summe ist gerade b, wie man leicht nachrechnet.   ∎

Satz.
BIN PACKING IST NP-VOLLSTÄNDIG.

Beweis. Wir zeigen *PARTITION* $\leq_p$ *BIN PACKING*. Die Reduktion wird bewerkstelligt durch:

$$(a_1, \ldots, a_k) \;\mapsto\; \begin{cases} \text{Behältergröße:} & b = \sum_{i=1}^{k} a_i / 2 \\ \text{Zahl der Behälter:} & k = 2 \\ \text{Objekte:} & a_1, \ldots, a_k \end{cases}$$

∎

Satz.
GERICHTETER HAMILTON-KREIS IST NP-VOLLSTÄNDIG.

Beweis: Wir reduzieren *3KNF-SAT* auf dieses Problem. Sei F eine Formel in konjunktiver Normalform mit genau 3 Literalen pro Klausel. Sei also

$$F = (z_{11} \vee z_{12} \vee z_{13}) \wedge \cdots \wedge (z_{m1} \vee z_{m2} \vee z_{m3})$$

wobei

$$z_{ij} \in \{x_1, x_2, \ldots, x_n\} \cup \{\neg x_1, \neg x_2, \ldots \neg x_n\}$$

Es ist also m die Anzahl der Klauseln und n die Anzahl der vorkommenden Variablen.

Wir konstruieren nun den gesuchten Graphen. Dieser hat zunächst einmal die Knoten $1, 2, \ldots, n$.

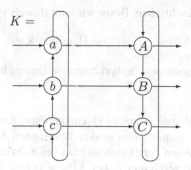

Von jedem Knoten i gehen jeweils zwei Kanten aus; die entsprechenden Pfade führen dann durch weitere Teilgraphen, die wir als Nächstes beschreiben, und enden dann im Knoten $i+1$. (Vom Knoten n aus führen die Pfade zurück zum Knoten 1).

Die beiden von einem Knoten i ausgehenden Wege führen durch gewisse Graphen K, von denen m Kopien $K_1, \ldots, K_m$ bereitstehen:

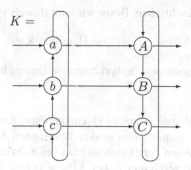

Im Folgenden stellen wir diese Graphen K durch folgendes Symbol dar:

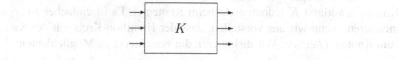

Der obere vom Knoten i ausgehende Weg orientiert sich an den Vorkommen von x_i in den Klauseln; der untere an denen von $\neg x_i$. Nehmen wir ein konkretes Beispiel: Angenommen, x_i kommt in Klausel 1 an Position 2 und in Klausel 4 an Position 3 vor; ferner komme $\neg x_i$ in Klausel 2 an Position 1, in Klausel 5 an Position 3 und in Klausel 6 an Position 2 vor. Dann sehen die beiden Verbindungen zwischen Knoten i und Knoten $i+1$ wie folgt aus:

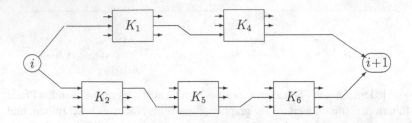

Da von allen Knoten $1, 2, \ldots, n$ jeweils derartige Pfade durch die Teilgraphen $K_1, \ldots, K_m$ ausgehen, sind schließlich alle 3 Eingänge und Ausgänge der K_i „angeschlossen", und es gibt also keine „frei hängenden" Kanten mehr.

Damit ist der Graph G beschrieben. Bevor wir zum Beweis von

$$F \text{ ist erfüllbar} \quad \Leftrightarrow \quad G \text{ hat Hamilton-Kreis}$$

kommen, beweisen wir noch eine bemerkenswerte Eigenschaft des Graphen K:

> Wenn der K umgebende Graph G einen Hamilton-Kreis besitzt, so verläuft dieser, immer wenn er den Teilgraphen K passiert, folgendermaßen: Wenn der Hamilton-Pfad bei a (bzw. b bzw. c) in K hineinläuft, so verlässt er K bei A (bzw. B bzw. C).

Beweis der Behauptung: Nehmen wir an, der Hamilton-Kreis betritt K beim Knoten a, verlässt K jedoch nicht beim Knoten A. Es ist einfacher zu argumentieren, wenn wir uns vorstellen, dass der Hamilton-Kreis mit der Kante zum Knoten a *beginnt*. Wir diskutieren die verschiedenen Möglichkeiten:

Der Pfad verläuft danach durch die Knoten a, A, B und verlässt K bei B: Dann ist der Knoten b in eine „Sackgasse" geraten, man kann b zwar noch erreichen, kann den Hamilton-Kreis jedoch nicht mehr schließen.

Fall $a - A - B - C$: wieder Sackgasse bei b.

Fall $a - c - C$: Knoten A ist nicht mehr erreichbar.

Fall $a - c - b - B$: Knoten A und C nicht mehr erreichbar.

Fall $a - c - b - B - C$: Knoten A nicht mehr erreichbar.

Fall $a - c - C - A - B$: Sackgasse bei b.

Damit sind alle Fälle erschöpft. Falls der Hamilton-Kreis bei b oder bei c nach K eintritt, so ist das Argument analog, da der Graph in a, b, c symmetrisch ist.

Das heißt also, dass ein bei a eintretender Hamilton-Kreis nur folgende Wege durch K nehmen kann: $a - A$, $a - c - C - A$ oder $a - c - b - B - C - A$.

Wir fahren fort mit dem Beweis des Satzes:

Wenn die Formel F eine erfüllende Belegung besitzt, so kann man, beginnend bei Knoten 1, auf folgende Art einen Hamilton-Kreis durchlaufen. Wenn die Variable x_i die Belegung 1 hat, so folge man von Knoten i aus dem oberen Pfad, sonst dem unteren. Danach durchläuft der Pfad die entsprechenden „Klauselgraphen" K_j, in denen x_i (bzw. $\neg x_i$ vorkommt). Die Klauselgraphen müssen nun auf eine der drei o.a. Möglichkeiten durchlaufen werden (die Wahl hängt davon ab, wie viele weitere Literale in der Klausel j den Wert 1 erhalten). Dies kann immer so arrangiert werden, dass bei Rückkehr zum Knoten 1 *alle* Knoten der Klauselgraphen K_j, $j = 1, \ldots, m$, durchlaufen wurden. Diese Methode liefert also einen Hamilton-Kreis.

Sei umgekehrt angenommen, G besitze einen Hamilton-Kreis. Dieser Kreis durchläuft Knoten 1, dann gewisse K_j, Knoten 2, dann gewisse K_j, usw., bis er zum Knoten 1 zurückkehrt. An dieser Stelle brauchen wir die obige Behauptung über die Graphen K_j: es ist dem Hamilton-Kreis nämlich nicht möglich, anders als vorgesehen durch die Graphen K_j zu passieren. Wir definieren nun eine Variablen-Belegung für x_i anhand dessen, ob der Hamilton-Kreis den Knoten i nach oben (=1) oder nach unten (=0) verlässt. Diese Belegung erfüllt F, denn jeder Klauselgraph wird mindestens einmal passiert – die entsprechende Klausel erhält also den Wert 1. ∎

Satz.
UNGERICHTETER HAMILTON-KREIS IST NP-VOLLSTÄNDIG.

Beweis: Wir zeigen, dass man den gerichteten Fall auf den ungerichteten reduzieren kann. Dazu muss angegeben werden, wie man gerichtete Graphen in ungerichtete transformiert, so dass die Hamilton-Kreis Eigenschaft erhalten bleibt. Jeder Knoten (mit gewissen hereinkommenden und herausgehenden Kanten)

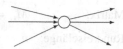

wird lokal ersetzt durch drei Knoten:

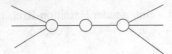

Nun gilt: Wenn der gerichtete Graph einen Hamilton-Kreis besitzt, hat der ungerichtete auch einen entsprechenden. Wenn umgekehrt der ungerichtete Graph einen Hamilton-Kreis besitzt, dann ist es nicht möglich, dass der Kreis, nachdem er in den linken Knoten einer Dreier-Gruppe hereinkommt, diese wieder nach links verlässt. In diesem Fall würde der Kreis, wenn er den mittleren Knoten irgendwann erreicht, in einer „Sackgasse" landen. Daher muss jeder Hamilton-Kreis, der von links in eine solche Dreier-Knotengruppe hineinläuft, diese nach rechts wieder verlassen. Mit anderen Worten, es wird genau die Pfeilrichtung im gerichteten Graphen eingehalten. Deshalb lässt sich aus dem ungerichteten Hamilton-Kreis auch wieder ein entsprechender im gerichteten Graphen gewinnen. ∎

Es ist interessant zu bemerken, dass einerseits – wie gerade gezeigt – das Hamilton-Kreis Problem NP-vollständig ist, andererseits das Euler-Kreis Problem in P liegt, also effizient lösbar ist. Während bei einem Hamilton-Kreis nach einem Durchlauf durch den Graphen gefragt wird, auf dem jeder *Knoten* genau einmal vorkommt, muss bei einem Euler-Kreis jede *Kante* genau einmal vorkommen. Euler hat diese Frage anhand des „Königsberger Brückenproblems" analysiert und gelöst (und damit die Graphentheorie ins Leben gerufen): Ein Graph besitzt einen Euler-Kreis genau dann, wenn jeder Knoten eine gerade Anzahl von Nachbarn hat. Und dies ist sicher in polynomialer Zeit überprüfbar.

Satz.
TRAVELLING SALESMAN IST NP-VOLLSTÄNDIG.

Beweis: Wir zeigen *UNGERICHTETER HAMILTON-KREIS* $\leq_p$ *TRAVELLING SALESMAN*. Dies wird bewerkstelligt durch folgende Abbildung:

$$G = (\{1, \ldots, n\}, E) \quad \mapsto \quad \left\{ \begin{array}{l} \text{Matrix:} \qquad M_{ij} = \left\{ \begin{array}{ll} 1, & \{i,j\} \in E \\ 2, & \{i,j\} \notin E \end{array} \right. \\ \text{Rundreiselänge:} \quad n \end{array} \right.$$

∎

Satz.
FÄRBBARKEIT IST NP-VOLLSTÄNDIG.

Beweis: Wir reduzieren *3KNF-SAT* auf dieses Problem. Sei $F = K_1 \wedge \ldots \wedge K_m$ eine Formel in KNF. Jede Klausel K_i habe *genau* drei Literale (was durch Wiederholen der Literale erreichbar ist). Insgesamt kommen die Variablen $x_1, \ldots, x_n$ vor. Wir konstruieren einen Graphen G mit $2n + 5m + 2$ Knoten, der genau dann mit 3 Farben einfärbbar ist, wenn die Formel F erfüllbar ist. Zunächst sehen wir den folgenden Teilgraphen mit $2n + 1$ Knoten in G vor:

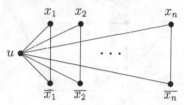

Sagen wir, es gibt die drei Farben ROT, WAHR und FALSCH. Wenn (o.B.d.A.) dem Knoten u die Farbe ROT zugeordnet ist, so kann man den Knoten x_i nur mit WAHR (bzw. FALSCH) einfärben, und zwar genau dann, wenn man für $\overline{x_i}$ die Farbe FALSCH (bzw. WAHR) vorsieht ($i = 1, \ldots, n$).

Für jede Klausel K_j ($j = 1, \ldots, m$) wird ferner der folgende Graph mit den Knoten a_j, b_j, c_j, y_j, z_j und v hinzugefügt, wobei zu beachten ist, dass der Knoten v in allen Graphen K_j *derselbe* Knoten ist. Ferner gibt es eine Kante zwischen u (im vorigen Bild) und dem Knoten v.

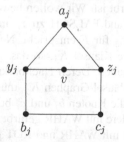

Von jedem dieser „Klausel-Graphen" gehen von den Knoten a_j, b_j, c_j Kanten aus zu dem betreffenden Literal-Knoten im oberen Bild, und zwar zu demjenigen Literal, das in der betreffenden Klausel vorkommt. Wenn beispielsweise die Klausel K_3 die Literale $x_1, \overline{x_2}, x_5$ enthält, so gibt es in G die Kantenverbindungen $\{a_3, x_1\}$, $\{b_3, \overline{x_2}\}$ und $\{c_3, x_5\}$; siehe folgendes Bild:

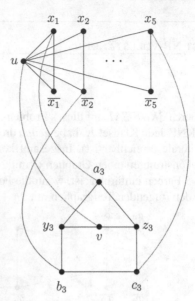

Angenommen, F ist erfüllbar. Dann kann man G offensichtlich so einfärben, dass man die Farbe ROT für den Knoten u nimmt, und die Farben WAHR oder FALSCH für die Knoten x_i und $\overline{x_i}$ entsprechend der erfüllenden Belegung auswählt. Ferner erhalte der Knoten v die Farbe FALSCH. Dann kann jeder der K_j-Graphen zulässig eingefärbt werden, da nicht alle Nachbarknoten von a_j, b_j, c_j die Farbe FALSCH tragen (eine einfache Fallunterscheidung).

Umgekehrt, falls G mit 3 Farben färbbar ist, so können wir ohne Beschränkung der Allgemeinheit annehmen, dass u mit ROT und v, der Nachbar von u, mit FALSCH gefärbt ist. Wir wollen beweisen, dass dann die Zuweisung der Farben WAHR und FALSCH zu x_i und $\overline{x_i}$ $(i = 1, \ldots, n)$ gerade einer erfüllenden Belegung für F entspricht. Nehmen wir an, dies sei nicht der Fall; dann gibt es eine Klausel K_j, so dass alle Literale in dieser Klausel die Farbe FALSCH haben. Deren Nachbarknoten im Graphen, nämlich die Knoten a_j, b_j, c_j im Klausel-Graphen K_j, müssen dann mit ROT oder mit WAHR gefärbt sein. Da die Knoten b_j und c_j benachbart sind, kann nur der eine mit ROT und der andere mit WAHR gefärbt werden. Daher können auch die Knoten y_j und z_j nur mit WAHR und ROT gefärbt sein. Das impliziert, dass a_j mit FALSCH gefärbt sein muss, da a_j Nachbar von y_j und z_j ist. Dies ist aber unmöglich.

Damit ist gezeigt, dass die Reduktion korrekt und damit *FÄRBBARKEIT* NP-vollständig ist.   ∎

Es ist interessant zu beobachten, dass aus dem Beweis hervorgeht, dass schon das 3-Färbbarkeitsproblem für allgemeine Graphen NP-vollständig ist. Andererseits ist leicht zu sehen, dass es für das 2-Färbbarkeitsproblem Algorithmen mit polynomialer Komplexität gibt.

Wir erwähnen noch ein weiteres Resultat. Das Wortproblem für Typ 1–Sprachen ist bekanntermaßen entscheidbar (vgl. Seite 13), aber der angegebene Algorithmus hat exponentielle Komplexität. Das ist kein Zufall, denn es gilt der folgende Satz.

Satz.
DAS WORTPROBLEM FÜR TYP 1–SPRACHEN IST NP-HART.

Beweis: Sei $L \in$ NP beliebig. Dann ist $L = T(M)$ für eine nichtdeterministische, polynomial zeitbeschränkte Turingmaschine M. Sei p ein Polynom, das die Rechenzeit von M beschränkt. Sei $x = x_1 x_2 \ldots x_n \in \Sigma^*$ eine Eingabe für M. (Wir können o.B.d.A. annehmen, dass M im Falle des Akzeptierens alle verwendeten Bandfelder wieder mit Leerzeichen beschrieben hat, und mit dem Schreib-Lesekopf auf dem „Ursprung" stoppt).

Auf Seite 77 wurde eine kontextsensitive Grammatik angegeben (genauer: die Produktionenmenge P'), die Konfigurationsübergänge von Turingmaschinen simulieren kann, sofern sich diese wie ein LBA verhalten, also den Bereich der Startkonfiguration nicht überschreiten.

Wir fügen dieser Grammatik noch eine weitere Produktion hinzu, nämlich

$$S \to \square^{p(n)}(z_0, x_1) x_2 \ldots x_n \square^{p(n)-n}$$

Somit kann aus der Startvariablen S das (Start-)Konfigurationswort generiert werden (das links und rechts mit genügend Leerzeichen aufgefüllt wurde, damit der linke oder rechte Rand in der Rechnung von M auf x nicht überschritten wird).

Wir nennen diese Typ 1–Grammatik G_M.

Die Abbildung, die x die kontextsensitive Grammatik G_M und das Wort $\square^{p(n)}(z_e, \square)\square^{p(n)-1}$ zuordnet, ist polynomial berechenbar und vermittelt gerade eine polynomiale Reduktion von L auf das kontextsensitive Wortproblem, denn es gilt:

$$x \in L \quad \textbf{gdw} \quad \square^{p(n)}(z_0, x_1) x_2 \ldots x_n \square^{p(n)-n} \vdash^* \square^{p(n)}(z_e, \square)\square^{p(n)-1}$$

$$\textbf{gdw} \quad S \Rightarrow \square^{p(n)}(z_0, x_1) x_2 \ldots x_n \square^{p(n)-n} \Rightarrow^* \square^{p(n)}(z_e, \square)\square^{p(n)-1}$$

gdw $\square^{p(n)}(z_e, \square)\square^{p(n)-1} \in L(G_M)$.   ∎

Man beachte, dass wir nicht in der Lage waren, zu zeigen, dass das Typ 1–
Wortproblem in NP liegt. Tatsächlich könnte dieses Problem „noch schwieriger" als die NP-vollständigen sein. (Genauer: das Problem ist „PSPACE-
vollständig").

Wir erwähnen weiterhin noch, dass auch das auf Seite 82 diskutierte Äquivalenzproblem für NFAs, reguläre Grammatiken und für reguläre Ausdrücke
NP-hart ist:

Satz.
DAS PROBLEM, FÜR ZWEI GEGEBENE REGULÄRE AUSDRÜCKE FEST-
ZUSTELLEN, OB DIESE INÄQUIVALENT SIND, IST NP-HART.

Beweis: Wir zeigen, dass *3KNF-SAT* auf dieses Problem polynomial reduzierbar ist. Sei $F = K_1 \wedge \ldots \wedge K_m$ eine Formel in konjunktiver Normalform.
In F kommen die Variablen $x_1, \ldots, x_n$ vor.

Wir konstruieren nun zwei reguläre Ausdrücke α und β über dem Alphabet
$\{0, 1\}$ wie folgt. Es ist $\alpha = (\alpha_1|\alpha_2|\ldots|\alpha_m)$, wobei $\alpha_i = \gamma_{i,1}\ldots\gamma_{i,n}$ mit

$$\gamma_{i,j} = \begin{cases} 0 & \text{falls } x_j \text{ in } K_i \text{ vorkommt,} \\ 1 & \text{falls } \neg x_j \text{ in } K_i \text{ vorkommt,} \\ (0|1) & \text{sonst.} \end{cases}$$

Nun gilt: Eine Variablen-Belegung $a_1\ldots a_n$ erfüllt die Klausel K_i nicht, genau dann wenn $a_1\ldots a_n \in L(\alpha_i)$. Eine Belegung $a_1\ldots a_n$ erfüllt die Formel
F nicht, genau dann wenn sie eine der Klauseln nicht erfüllt. Dies ist daher
äquivalent mit $a_1\ldots a_n \in L(\alpha)$. Mit anderen Worten, F ist erfüllbar, genau
dann wenn $L(\alpha) \neq \{0,1\}^n$. Wir wählen daher

$$\beta = \underbrace{(0|1)(0|1)\ldots(0|1)}_{n\text{-mal}}, \quad \text{also } L(\beta) = \{0,1\}^n$$

und die (polynomial berechenbare) Abbildung $F \mapsto (\alpha, \beta)$ vermittelt dann
die gesuchte Reduktion von $3KNF\text{-}SAT$ auf das Inäquivalenzproblem bei
regulären Ausdrücken.   ∎

Anstelle von regulären Ausdrücken lassen sich mit polynomialen Aufwand
ebenso NFAs bzw. reguläre Grammatiken angeben, die dieselben Spra-
chen $L(\alpha)$ bzw. $L(\beta)$ definieren. Daher ist *NFA-Inäquivalenz* bzw. *reguläre*

Grammatik-Inäquivalenz gleichfalls NP-hart (tatsächlich sogar „PSPACE-vollständig"). Andererseits ist das Äquivalenzproblem für DFAs in polynomialer Zeit lösbar (vgl. Seite 43).

Bemerkung: Man kann ferner feststellen, dass die oben angegebenen regulären Ausdrücke α, β sogar ohne die Sternoperation auskommen. Deshalb haben wir sogar ein stärkeres Resultat gezeigt, nämlich dass die Inäquivalenz von *sternfreien* regulären Ausdrücken NP-hart ist. (Tatsächlich ist dieses eingeschränkte Problem sogar NP-*vollständig*, siehe Börger (1985), S. 251, oder Floyd, Beigel (1994), S. 673).

Am Ende wollen wir noch erwähnen, dass es verschiedenartige Möglichkeiten gibt, doch mit NP-vollständigen Problemen fertig zu werden, zumindest den naiven „Probier-alle-Möglichkeiten" Algorithmus zu verbessern. Dieser hätte zum Beispiel beim Travelling Salesman Problem die Komplexität $O(n!)$, da es $n!$ viele mögliche Anordnungen der n Reisepunkte gibt. Ein Ansatz, der auf der Methode des *dynamischen Programmierens* beruht, hat „nur" Komplexität $O(n^2 2^n)$. Weitere Verbesserungen sind möglich, z.B. mit gewissen *branch-and-bound* Verfahren.

Im Falle von *3KNF-SAT* führt folgende einfache Strategie zu einer deutlichen Verbesserung gegenüber der naiven Methode: Starte mit einer zufälligen Anfangsbelegung für die n in der Formel vorkommenden Variablen. Im Allgemeinen wird diese Belegung die Formel jedoch nicht erfüllen. Wähle also eine beliebige Klausel, die durch diese Belegung nicht erfüllt wird, aus. Also alle drei Literale in dieser Klausel werden auf 0 gesetzt. Wähle eines dieser drei Literale zufällig aus und setze dessen Wert in der aktuellen Belegung auf 1. Wiederhole diesen *local search*-Schritt $3n$-mal. Wenn diese Suche nicht zu einer erfüllenden Belegung führt, so starte ganz von vorn mit dem zufälligen Raten einer Anfangsbelegung. Man kann zeigen, dass es genügt, $(4/3)^n$-mal diesen Zufallsversuch zu wiederholen, bis die Wahrscheinlichkeit eine evtl. vorhandene erfüllende Belegung auf diese Weise *nicht* zu finden, verschwindend gering ist (vgl. Schöning (1999)).

Für manche der NP-vollständigen Probleme sind Verfahren bekannt (z.B. für Hamilton-Kreis), die im Mittel nur polynomiale Laufzeit erfordern. Problematisch bei einer Aussage über den Mittelwert ist immer, dass eine gewisse Wahrscheinlichkeitsverteilung auf der Menge der Eingaben angesetzt werden muss. Die Frage ist dann, wie realistisch gerade diese Verteilung ist. Umgekehrt kann auch eingeworfen werden, dass gerade die in „der Natur" vorkommenden Verteilungen bei der Anwendung eines Algorithmus normalerweise so „gutartig" sind, dass die exponentielle Laufzeit, die ja nur für den *schlech-*

testen Fall zutrifft, vernachlässigbar ist.

Schließlich wollen wir noch erwähnen, dass es oftmals nicht notwendig ist, ein Problem exakt zu lösen. Beim Travelling Salesman Problem etwa könnten wir auch zufrieden sein, wenn der Algorithmus statt der kürzesten Rundreise eine Rundreise liefert, die garantiertermaßen höchstens 50% länger ist. Wenn uns noch weitere Zusatzinformationen zur Verfügung stehen, z.B. dass die Entfernungsmatrix die *Dreiecksungleichung* $M_{ij} \leq M_{ik} + M_{kj}$ erfüllt, so stehen schnelle derartige Approximationsalgorithmen durchaus zur Verfügung. In vielen Fällen kann jedoch nachgewiesen werden, dass nicht einmal eine Approximation erreicht werden kann, die auf einen gewissen Faktor an die optimale Lösung heran kommt – außer wenn P=NP.

Anhang: Mathematische Grundlagen

Mit $I\!N$ bezeichnen wir die Menge der natürlichen Zahlen einschließlich der Null, $I\!N = \{0, 1, 2, 3, \ldots\}$.

Eine endliche, nicht-leere Menge wird in diesem Zusammenhang oft *Alphabet* genannt. Die Elemente einer solchen Menge heißen dann *Zeichen* oder *Symbole*.

Für ein gegebenes Alphabet Σ bezeichne Σ^* die Menge aller *Wörter*, die sich durch Hintereinanderschreiben (Konkatenation) von Symbolen aus Σ bilden lassen. Dies ist nichts anderes als die Menge aller endlichen *Folgen* von Elementen aus Σ. Dies schließt auch die leere Folge, bzw. das *leere Wort* ein, welches wir mit ε beschreiben. Falls beispielsweise $\Sigma = \{a, b\}$, so ist

$$\Sigma^* = \{\varepsilon, a, b, aa, ab, ba, bb, aaa, aab, \ldots\}.$$

Mit Σ^+ bezeichnen wir $\Sigma^* - \{\varepsilon\}$.

Sei $\circ$ eine Bezeichnung für die zweistellige Operation der Konkatenation, dann ist die algebraische Struktur $(\Sigma^*, \circ)$ eine *Halbgruppe mit neutralem Element*, ein so genanntes *Monoid*. Mit anderen Worten, diese Struktur erfüllt die folgenden Axiome:

$$x \in \Sigma^* \wedge y \in \Sigma^* \Rightarrow x \circ y = xy \in \Sigma^* \quad \text{(Abgeschlossenheit)}$$

$$(x \circ y) \circ z = x \circ (y \circ z) = xyz \quad \text{(Assoziativität)}$$

$$\varepsilon \circ x = x \circ \varepsilon = x \quad \text{(neutrales Element)}$$

Da die Konkatenation assoziativ ist, lässt sich die Notation w^n, wobei w ein Wort und n eine natürliche Zahl ist, im üblichen Sinne interpretieren: $w^n = ww \ldots w (n\text{-mal})$. Es ist $w^0 = \varepsilon$.

Für ein Wort w bezeichnet $|w|$ seine Länge und für eine Menge M bezeichnet $|M|$ seine Mächtigkeit. Die Längenfunktion für Wörter hat – formal betrachtet

– ähnliche Eigenschaften wie die Logarithmusfunktion:

$$|\varepsilon| = 0, \quad |uv| = |u| + |v|, \quad |w^n| = n \cdot |w|$$

Seien A, B Teilmengen von Σ^*, also so genannte *Sprachen*. Dann definieren wir:

$$
\begin{aligned}
A \cup B &= \{x \mid x \in A \text{ oder } x \in B\} \\
A \cap B &= \{x \mid x \in A \text{ und } x \in B\} \\
\overline{A} &= \Sigma^* - A \\
AB &= \{xy \mid x \in A \text{ und } y \in B\}
\end{aligned}
$$

Sei $\mathcal{C}$ eine Klasse von Mengen (Sprachen). Dann heißt $\mathcal{C}$ *Schnitt- (Vereinigungs-, Komplement-, Produkt-) abgeschlossen*, falls aus $A \in \mathcal{C}$ und $B \in \mathcal{C}$ folgt $A \cup B$ (bzw. $A \cap B, \overline{A}, AB) \in \mathcal{C}$.

Man beachte, dass sich die Vereinigung über Schnitt- und Komplementbildung ausdrücken lässt (und analog, die Schnittbildung über Vereinigungs- und Komplementbildung):

$$
\begin{aligned}
A \cup B &= \overline{\overline{A} \cap \overline{B}} \\
A \cap B &= \overline{\overline{A} \cup \overline{B}}
\end{aligned}
$$

Deshalb ist jede Klasse, die gegen Komplement und Schnitt abgeschlossen ist, immer auch unter Vereinigung abgeschlossen (bzw. jede gegen Komplement und Vereinigung abgeschlossene Klasse ist immer auch gegen Schnitt abgeschlossen).

Für eine Sprache A setzen wir $A^0 = \{\varepsilon\}$ und ferner:

$$A^{n+1} = AA^n.$$

Speziell erhalten wir dann $A^1 = A$. Außerdem gilt:

$$A^i A^j = A^{i+j} \quad \text{und} \quad (A^i)^j = A^{ij}$$

Mit dieser Notation definieren wir ferner:

$$A^* = \bigcup_{n \geq 0} A^n$$

$$A^+ = \bigcup_{n \geq 1} A^n$$

Dies verallgemeinert die oben angegebenen Definitionen von Σ^* und Σ^+. Es gilt beispielsweise:

$$\{a^{2n} \mid n \geq 1\} = \{a^2\}^+ \quad \text{und} \quad \{a^{7n+3} \mid n \geq 0\} = \{a^7\}^* \{a^3\}$$

Seien R, S zweistellige Relationen auf Σ^*, also $R, S \subseteq \Sigma^* \times \Sigma^*$. In Analogie zu der obigen Definition setzen wir:

$$RS = \{(x, y) \mid \text{es gibt ein } z \text{ mit } xRz \text{ und } zSy\}$$

Für eine Relation R definieren wir $R^0 = \{(x, x) \mid x \in \Sigma^*\}$ (die identische Abbildung) und schließlich:

$$R^{n+1} = RR^n$$

Damit können wir dann definieren:

$$R^* = \bigcup_{n \geq 0} R^n$$

$$R^+ = \bigcup_{n \geq 1} R^n$$

Anders ausgedrückt heißt dies, dass xR^*y gilt, falls $x = y$ oder falls es $z_1, z_2, \ldots, z_n, n \geq 1$, gibt mit $xRz_1, z_1Rz_2, \ldots, z_nRy$.

Eine Relation R heißt *reflexiv*, falls für alle x gilt: xRx. Sie heißt *transitiv*, falls aus xRy und yRz folgt: xRz.

Lemma. R^* ist die kleinste reflexive und transitive Relation, die R umfasst (die reflexive und transitive *Hülle* von R).

Beweis: R^* ist reflexiv, denn $R^0 \subseteq R^*$.

R^* ist transitiv, denn seien x, y, z mit xR^*y und yR^*z gegeben. Dann gibt es Zahlen i und j mit xR^iy und yR^jz. Dann gilt $xR^{i+j}z$ und damit xR^*z.

R^* umfasst R, denn $R = R^1 \subseteq R^*$.

Sei R' eine beliebige reflexive und transitive Relation, die R umfasst. Dann muss gelten: $R^0 \subseteq R'$, da R' reflexiv ist, und ferner $R = R^1 \subseteq R'$, da R' die Relation R umfasst. Da R' auch transitiv ist, folgt mit Induktion, dass $R^2, R^3, \ldots$ in R' enthalten sind. Also gilt $R^* \subseteq R'$. Damit ist gezeigt, dass R^* die *kleinste* solche Relation ist. ∎

Analog zeigt man, dass R^+ die kleinste transitive Relation ist, die R umfasst.

Eine Relation R heißt *symmetrisch*, falls mit xRy immer auch yRx gilt. Eine Relation, die reflexiv, symmetrisch und transitiv ist, heißt auch *Äquivalenzrelation*. Jedem Element x des Grundbereichs (hier: Σ^*) kann die Menge der Elemente zugeordnet werden, die zu x äquivalent sind; diese bezeichnen wir mit $[x]_R$:

$$[x]_R = \{y \mid yRx\} = \{y \mid xRy\}$$

(Wenn R aus dem Kontext hervorgeht, schreiben wir auch einfach $[x]$). Diese Mengen heißen *Äquivalenzklassen*. Hierbei ist x ein *Repräsentant* der Äquivalenzklasse. Die Grundmenge Σ^* wird in (endlich oder unendlich viele) Äquivalenzklassen disjunkt zerlegt:

$$\Sigma^* = [x_1] \cup [x_2] \cup \ldots \cup [x_n] \cup \ldots$$

Mit $Index(R)$ bezeichnen wir die Anzahl der verschiedenen Äquivalenzklassen, die R hat. D.h. $Index(R)$ ist die maximale Anzahl von Elementen $x_1, x_2, \ldots, x_n, \ldots$ mit $\neg(x_i R x_j)$ $(i \neq j)$. Falls $Index(R) < \infty$ gilt, so sagen wir: R hat *endlichen Index*.

Sei $f : A \longrightarrow B$ eine Funktion. Für ein Element $b \in B$ bezeichnet $f^{-1}(b)$ $= \{a \in A \mid f(a) = b\}$ die Menge der *Urbilder* von b. Eine Funktion f heißt *injektiv*, falls $|f^{-1}(b)| \leq 1$; *surjektiv*, falls $|f^{-1}(b)| \geq 1$; und *bijektiv*, falls $|f^{-1}(b)| = 1$ für alle $b \in B$ gilt.

Zwei Mengen A und B heißen *gleichmächtig* oder *von gleicher Kardinalität*, falls es eine *bijektive* Funktion $f : A \longrightarrow B$ gibt. Falls eine Menge M gleichmächtig ist wie $I\!N$, die Menge der natürlichen Zahlen, so heißt sie *abzählbar unendlich*. Eine Menge M heißt *(höchstens) abzählbar*, falls sie endlich ist oder abzählbar unendlich. Dies kann (für $M \neq \emptyset$) auch so charakterisiert werden, dass es eine *surjektive* Abbildung $f : I\!N \longrightarrow M$ gibt, also:

$$M = \{f(0), f(1), f(2), \ldots\}$$

Intuitiv: die Elemente von M können „durchnummeriert" werden (wobei Wiederholungen zugelassen sind). Zu gegebenem Alphabet Σ ist Σ^* immer eine abzählbar unendliche Menge, denn man kann gemäß zunehmender Länge und innerhalb derselben Wortlänge lexikografisch die (unendlich vielen) Elemente von Σ^* durchnummerieren.

Die Menge aller Sprachen über einem gegebenen Alphabet Σ ist gerade die Potenzmenge von Σ^*:

$$\mathcal{P}(\Sigma^*) = \{A \mid A \subseteq \Sigma^*\}$$

Die Potenzmenge einer abzählbar unendlichen Menge M (hier: $M = \Sigma^*$) ist nicht mehr abzählbar (man sagt, sie ist *überabzählbar*).

Beweis: Da M abzählbar unendlich ist, gibt es eine bijektive Funktion f : $I\!N \longrightarrow M$. Angenommen, $\mathcal{P}(M)$ ist abzählbar, dann gibt es eine bijektive Funktion g : $I\!N \longrightarrow \mathcal{P}(M)$. Definiere nun eine „Diagonalmenge" D wie folgt:

$$D = \{f(j) \mid f(j) \notin g(j), j \in I\!N\}$$

Da $D \subseteq M$, gilt $D \in \mathcal{P}(M)$. Somit ist $D = g(n)$ für ein $n \in I\!N$. Nun gilt aber nach Definition von D, dass $f(n)$ genau dann in D enthalten ist, wenn $f(n) \notin g(n)$. Da $g(n) = D$, heißt dies, dass $f(n)$ genau dann in D enthalten ist, wenn $f(n)$ *nicht* in D enthalten ist. Ein Widerspruch, der beweist, dass die Annahme der Abzählbarkeit von $\mathcal{P}(M)$ falsch war. ∎

Komplexitätsfunktionen werden meist mit Hilfe der O-Notation angegeben. Hierdurch ist es möglich, sich auf die wesentlichen Charakteristika einer Funktion zu beschränken (genauer: unter Ignorieren konstanter Faktoren wird eine asymptotische obere Schranke angegeben).

Für eine Funktion $f : I\!N \longrightarrow I\!N$ ist

$O(f(n)) = \{g : I\!N \longrightarrow I\!N \mid$ es gibt Konstanten c und n_0, so dass
für alle $n \geq n_0$ gilt: $g(n) \leq c \cdot f(n)\}$

Anstelle von $\in$ bzw. $\subseteq$ wird in diesem Zusammenhang oft $=$ geschrieben. Diese „Gleichungen" sind natürlich nur von links nach rechts zu lesen, da die Genauigkeit der Abschätzung von links nach rechts abnimmt.

Beispiel: Es gilt: $3n^4 + 27n^3 \log n - 5 = 3n^4 + O(n^3 \log n) = O(n^4)$.

Literaturverzeichnis

A.V. Aho, J.E. Hopcroft, J.D. Ullman: *The Design and Analysis of Computer Algorithms.* Addison-Wesley, 1976.

J. Albert, T. Ottmann: *Automaten, Sprachen und Maschinen für Anwender.* Bibliographisches Institut, 1982.

J.L. Balcázar, J. Diaz, J. Gabarró: *Structural Complexity I.* Springer-Verlag, 1988.

L. Balke, K.H. Böhling: *Einführung in die Automatentheorie und Theorie Formaler Sprachen.* Bibl. Inst., 1993.

H. Becker, H. Walter: *Formale Sprachen.* Vieweg, 1977.

N. Blum: *Theoretische Informatik - Eine anwendungsorientierte Einführung.* Oldenbourg, 1998.

G.S. Boolos, R.C. Jeffrey: *Computability and Logic.* Cambridge University Press, 1980.

D.P. Bovet, P. Crescenzi: *Introduction to the Theory of Complexity.* Prentice Hall, 1994.

E. Börger: *Berechenbarkeit, Komplexität, Logik.* Vieweg, 1985.

W. Bucher, H. Maurer: *Theoretische Grundlagen der Programmiersprachen.* Bibliographisches Institut, 1984.

M. Broy: *Informatik - Eine grundlegende Einführung, Teil IV.* Springer, 1995.

T.H. Cormen, C.E. Leiserson, R.L. Rivest: *Introduction to Algorithms.* MIT Press, 1990.

N.J. Cutland: *Computability.* Cambridge University Press, 1980.

M.D. Davis: *Computability and Unsolvability.* Dover, 1958, 1982.

M.D. Davis, R. Sigal, E.J. Weyuker: *Computability, Complexity, and Languages - Fundamentals of Theoretical Computer Science.* Academic Press, 1994.

P.J. Denning, J.B. Dennis, J.E. Qualitz: *Machines, Languages, and Computation.* Prentice Hall, 1978.

D.Z. Du, K.I. Ko: *Theory of Computational Complexity.* Wiley, 2000.

P.E. Dunne: *Computability Theory - concepts and applications.* Ellis Horwood, 1991.

E. Engeler, P. Läuchli: *Berechnungstheorie für Informatiker.* Teubner, 1988.

K. Erk, L. Priese: *Theoretische Informatik - Eine umfassende Einführung.* Springer, 1998.

W. Felscher: *Berechenbarkeit - Rekursive und Programmierbare Funktionen.* Springer, 1991.

R.W. Floyd, R. Beigel: *The Languages of Machines - An Introduction to Computability and Formal Languages.* Computer Science Press, 1994.

M.R. Garey, D.S. Johnson: *Computers and Intractability - A Guide to the Theory of NP-Completeness.* Freeman, 1979.

J. Gruska: *Foundations of Computing.* Thomson Computer Press, 1997.

E.M. Gurari: *An Introduction to the Theory of Computation.* Computer Science Press, 1989.

M.A. Harrison: *Introduction to Formal Language Theory.* Addison-Wesley, 1978.

J.L. Hein: *Discrete Structures, Logic, and Computability.* Jones and Bartlett, 1995.

H. Hermes: *Aufzählbarkeit, Entscheidbarkeit, Berechenbarkeit.* Springer, 1971.

D.R. Hofstadter: *Gödel, Escher, Bach: An Eternal Golden Braid.* Penguin Books, 1980.

J. Hopcroft, J. Ullman: *Formal Languages and Their Relation to Automata.* Addison-Wesley, 1969.

J. Hopcroft, J. Ullman: *Introduction to Automata Theory, Languages, and Computation.* Addison-Wesley, 1979.

G. Hotz, K. Estenfeld: *Formale Sprachen.* Bibliographisches Institut.

J. van Leeuven (Hg.): *Handbook of Theoretical Computer Science, Vol. A+B.* Elsevier, MIT Press, 1990.

D. Kozen: *Automata and Computability.* Springer, 1997.

P. Linz: *An Introduction to Formal Languages and Automata.* Heath and Company, 1990.

H. Lewis, C. Papadimitriou: *Elements of the Theory of Computation.* Prentice Hall, 1981.

M. Machtey, P. Young: *An Introduction to the General Theory of Algorithms.* Elsevier North-Holland, 1978.

D. Mandrioli, C. Ghezzi: *Theoretical Foundations of Computer Science.* Wiley, 1985.

Z. Manna: *Mathematical Theory of Computation.* McGraw Hill, 1974.

Y.V. Matiyasevich: *Hilbert's Tenth Problem.* MIT Press, 1993.

K. Mehlhorn: *Effiziente Algorithmen.* Teubner, 1977.

R. McNaughton: *Elementary Computability, Formal Languages, and Automata.* Prentice Hall, 1982.

H. Noltemeier: *Informatik I – Einführung in Algorithmen und Berechenbarkeit.* Hanser, 1981.

A. Oberschelp: *Rekursionstheorie.* Bibl. Inst., 1993.

C.H. Papadimitriou: *Computational Complexity.* Addison-Wesley, 1994.

W.J. Paul: *Komplexitätstheorie.* Teubner, 1978.

V.J. Rayward-Smith: *A First Course in Formal Language Theory.* Blackwell, 1984.

V.J. Rayward-Smith: *A First Course in Computability.* Blackwell, 1986.

K.R. Reischuk: *Einführung in die Komplexitätstheorie.* Teubner, 1990.

G. Révész: *Introduction to Formal Languages.* McGraw Hill, 1985.

G. Rozenberg, A. Salomaa: *Cornerstones of Undecidability.* Prentice Hall, 1994.

A. Salomaa: *Formale Sprachen.* Springer, 1978.

A. Salomaa: *Computation and Automata.* Cambridge University Press, 1985.

U. Schöning: A probabilistic algorithm for k-SAT and constraint satisfaction problems. *Proceedings 40th IEEE Symposium on Foundations of Computing*, 1999, 410–414.

U. Schöning: *Logik für Informatiker.* Spektrum Akademischer Verlag, 1995.

U. Schöning: *Algorithmik.* Spektrum Akademischer Verlag, 2001.

U. Schöning: *Ideen der Informatik.* Oldenbourg Wissenschaftsverlag, 2006.

M. Sipser: *Introduction the the Theory of Computation.* PWS Publishing Company, 1995.

E. Smith: *Elementare Berechenbarkeitstheorie.* Springer, 1996.

R. Sommerhalder, S.C. van Westrhenen: *The Theory of Computability.* Addison-Wesley, 1988.

E. Specker, V. Strassen: *Komplexität von Entscheidungsproblemen.* Lecture Notes in Computer Science 43, Springer, 1976.

V. Sperschneider, B. Hammer: *Theoretische Informatik - Eine problemorientierte Einführung.* Springer, 1996.

F. Stetter: *Grundbegriffe der Theoretischen Informatik.* Springer, 1988.

T.A. Sudkamp: *Languages and Machines - An Introduction to the Theory of Computer Science.* Addison-Wesley, 1988.

J.P. Tremblay, R. Manohar: *Discrete Mathematical Structures with Applications to Computer Science.* McGraw Hill, 1987.

V.A. Uspensky: *Gödel's Incompleteness Theorem.* Mir Publ., Moskau, 1987.

G. Vossen, K.U. Witt: *Grundlagen der Theoretischen Informatik mit Anwendungen.* Vieweg, 2000.

K. Wagner: *Einführung in die Theoretische Informatik.* Springer, 1994.

D. Wätjen: *Theoretische Informatik - Eine Einführung.* Oldenbourg, 1994.

I. Wegener: *Theoretische Informatik.* Teubner, 1993.

I. Wegener: *Kompendium Theoretische Informatik - eine Ideensammlung.* Teubner, 1996.

D. Wood: *Theory of Computation.* Wiley, 1987.

Index

Printed in the United States
By Bookmasters